EXETER HISPANIC TEXTS

Founded by Keith Whinnom and J. M. Alberich

General Editor: W. F. Hunter

XLIX

PENITENCIA DE AMOR

Pedro Manuel
Ximénez de Urrea

PENITENCIA DE AMOR

(Burgos, 1514)

Edited by
Robert L. Hathaway
Colgate University

UNIVERSITY OF EXETER PRESS

© Robert L. Hathaway, 1990
First published by University of Exeter Press 1990

ISSN 0305 8700

ISBN 0 85989 337 5

Corrigenda

Page	line	
ix	last	fitted
xiii	28	bourgeois
xiv	15	q*ue* querría
xvii	18	conjuguée
60	15	led

Printed by
Short Run Press Ltd, Exeter

Acknowledgements

The works of Pedro Manuel Ximénez de Urrea have been an interest of mine since I included his verse plays in my dissertation on "Love in the Early Spanish Secular Theatre" (Brown University, 1969). In preparation I also read *Penitencia de amor* and was struck by its imitation of Fernando de Rojas's *Celestina*; the idea of this edition dates from that time.

For my critical perspectives I owe a large debt to two of my graduate professors, now retired, Alan S. Trueblood and A. David Kossoff. I have also profited from the work of three critics whom I have never met, Roger Boase, Antony van Beysterveldt, and especially the late Keith Whinnom. I hope that I have done them no injustice in my efforts; all errors, of course, are mine.

I here publicly thank as well Maria Nicholls and her brother, Kenneth Carnall, for facilitating acquisition of a microfilm of Urrea's 1516 *Cancionero de todas las obras* from the Bibliotheca Nacional in Lisbon; Debra Linneman and particularly Peter Jörgensen of the Colgate University Computer Center; and the General Editor of this series, W. F. Hunter, for his scrupulous attention to detail and his many keen suggestions, both of which have, I am certain, made this a better edition.

I borrow Urrea's words to express more personal feelings: to my mother, Helen Lawton Hathaway, "Tome vuestra señoría esto poco con aquel amor de madre déste que lo da con obediencia de hijo;" and to Phyl, "Así yo puedo dezir, / tal bien en vos veo y vi, / que me a dado Dios aquí / el mayor bien del biuir."

Hamilton, New York
16 August 1989

Introduction

The Author

Little is known about the life of Pedro Manuel Ximénez de Urrea Fernández de Yxar (Híjar) (1486–c.1530). Martín Villar gave some information in the introduction to his 1878 Zaragoza edition of the 1513 *Cancionero* (hereafter CZ); he was able to cite from the manuscript *Historia de la ilustre casa y familia de Ximénez de Urrea* owned by the Dukes of Aranda, reporting that Pedro Manuel was considered, "por haber vivido poco, más ilustre que por sus historias, por su sangre. En verdad que honró con el ingenio á su familia, rica en hombres de saber y talento" (CZ ix). Much of Urrea's life, his *historias*, however, still remains a mystery. The principal twentieth-century investigators of his works, Eugenio Asensio for the eclogues and Roger Boase for the poetry, have been unable to add factual biographical detail; they have sought to provide information which would assist us in coming to know and understand this author and his approach to literature but each has had to surmise more than one might wish. As examples of their conjectures, Asensio notes that Pedro Manuel's wife, Doña María de Sesé, was of Jewish descent and wonders whether he might also have been (*Églogas* xliii), while Boase, specifically considering the lost poem *Peregrinación a Jerusalén, Roma, y Santiago* (1523), proposes that the title may provide justification for believing that the author became a religious toward the end of his life ("Inquiry" 44).

Some clues as to the character of the Aragonese noble scion may be gleaned from his letters and literary works. Probably the greatest determinant of the personality of the man was that he was a second son and thus cut off from most of the considerable fortune of his father, Don Lope, the first Duke of Aranda. Become penurious although born an aristocrat, he appears to have suffered what Asensio called a "secreta amargura de haber nacido segundón"

(*Églogas* xvii). One must question, however, how secret the emotion was, given the number of times it creeps into his writings; it figures most notably in the letters which are scattered throughout the *Cancionero*, many referring directly or obliquely to the legal battles he undertook in hopes of winning more from his father's estate than the holding of Trasmoz on the slopes of the Sierra de Moncayo. It may also be responsible for the vein of misanthropy in his works.

Urrea found himself close to riches and comfort but denied them by the law of primogeniture, a bystander to the way of life which had created him but no longer accommodated his sense of aristocracy. His belief that he deserved a better fate is made quite clear in a poem written in and to Trasmoz:

> Nunca medréys vos, aldea,
> y tanbién quien os fundó,
> porque tengo de estar yo
> donde nadi estar desea.
> Que qualquiera que me vea
> dirá que estoy más retraydo
> que ninguno nunca a sido
> en mi linaje de Vrrea. . . .
> Pero ya pues mi ventura
> me tiene ya en tal comedio
> que ni medio ni remedio
> no hallo para soltura.
> (*Cancionero*, Logroño, 1513 [CL], fol.11^r)

He made literature his avocation, but with what one imagines as a self-serving intention. In addition to the ingratiating letters dedicated to members of his family in the *Cancionero*, he wrote plays which may well have provided entertainment at the Palace of Épila, his brother's court, "whilst his *villancicos* were undoubtedly sung to his own musical accompaniment" (Boase, "Theory" 101). As a nominally self-deprecating troubadour, he could occasionally enjoy that way of life to which his inheritance alone could not give him entrée. Such an impulse would not have been unique to the Arandas:

> The principle of primogeniture and the duty of non-derogation, whereby a person of noble birth was debarred from participating in trade and commerce, produced a large leisured class in which there was a preponderance of unattached males, most of whom

had no material or political responsibilities. This social group looked back with nostalgia to a largely imaginary chivalric age, and rejected as subversive and heretical any social concepts or intellectual theories which denied the immutable providential character of the status quo. The Provençal ideal of *fin' amors* answered the needs of this dominant minority because, being based on the feudal principles of fealty and subservience, it inculcated a respect for status and the existing hierarchy and was a means of evading unpleasant social and political realities. (Boase, *Revival* 151)

What is important is that poetry, prose, and drama apparently gave Urrea some solace; creation was recreation. Despite the modesty he sometimes expresses about his literary involvements, however, he was not completely self-effacing in the style of a late medieval troubadour. On the contrary, he took pride in his published works, making quite sure that his authorship and craft were proclaimed and that his bellettrist interests were defended, as the *Penitencia* "Prólogo" reveals. Though he did practice the art of the modish *cancioneros*, he also embraced the new world of Rojas's *Celestina* with as much enthusiasm; in this he broke with those who would view any challenge to the patrician hierarchy as "subversive and heretical," in the phrase cited above. One sees him as a victim of the values which Spain stoutly conserved (and to which, paradoxically, he also adhered), bound to a rigid society which rejected him according to its rules yet left no other door open to him. The inner pressures he felt might well have found relief in literary creation, the painful realities presumably forgotten for the moment in courtly –and not so courtly– fantasies. A member of the leisured class, by blood and acculturation if not by income, he had the time and motivation to respond to that great literary crosscurrent of his age, the humanism which was actively countering received traditions and had specific impact on the ideal of nobility: "Ser caballero en este período significaba que uno tenía ciertas nociones de erudición, que poseía una dicción refinada, que era capaz de hablar frases escogidas, y que era sensitivo a la hermosura bajo todos sus aspectos, utilizando como modelos de conducta las grandes figuras paganas de la antigüedad en vez de los santos de la iglesia, y era apto nuestro caballero para ejercicios físicos y ritos corteses que sobrevivían de la caballería" (McPheeters 151). Caught between convention and revolution (in the literary sense), Pedro Manuel fit this standard as well as he met contemporary expectations of a courtly poet; he was indeed a man at the intersection of the medieval and the Renaissance, as Boase has indicated: "The heterogeneous character of [his] poetry and artistic creation can be attributed to the fact that he is a transitional mediaeval-renaissance figure. On the one hand he could be considered one of the last of the European troubadours, committed to a theory of poetry which is here termed courtly-devotional; on the other hand, he is an author of dramatic eclogues and a fluent reader of Latin, and his works betray a characteristically Renaissance concern for aesthetic perfection, decorum, originality, and immortal fame" ("Theory" 104–105). All the while the pen proclaimed his presence and his displeasure as it alleviated the boredom of perceived exile.

Add to the ambivalence of his intellectual formation the enigma of the man himself and it is difficult to make confident statements referring to his craft. Humanist troubadour, courtly-love misogynist, penniless *ricohombre*: how does one define the person and the artist? A nobleman who assiduously reworked the canon of love expounded by the *cancioneros*; who versified the Credo and the Stabat Mater as well as the largely woman-hating portion of the first act of *Celestina*; who wrote a salacious romance and then appended to it poems in praise of Christ's words on the Cross: with what authority other than hypothesis are we to characterize his literary career? The questions have no clear answer but there is a fascination which cannot be denied. To explicate Urrea's creation of *Penitencia de amor* we must examine it in the light of its sources as well as by reference to the author's other works.

The Romance

The plot is simplicity itself: Darino sees Finoya and immediately falls in love; he successfully seeks the balm for his love-sickness in physical possession, but all involved are soon punished by imprisonment for life. Behind Darino's courtly rhetoric and posturing, however, one finds a rather different motivation: Darino physically desires Finoya and, though the feeling is not mutual, with the cunning and connivence of his servants Renedo and Angis, and with his own force, he gets her. Not love, rape.

The influence of *Celestina* is obvious in Urrea's juxtaposition of lofty courtly ideal and violent human reality. Although Alexander A. Parker's comment on the source refers to the world which Rojas presents as Celestina's own, it otherwise befits Urrea's imitation:

"The desire for a woman, paraded as equivalent to the adoration of God, is in fact a venal offering to the world of prostitution [for *Penitencia*, substitute "hedonism"], and the god-like Melibea is degraded accordingly" (32). As illustration, Darino's first letter to Finoya is as fawning as tradition dictates: "¡O qué bienaventurança mía sería si yo supiese que tú reçibes esta carta mía, avnque no fuesse para leerla, siquiera para rasgarla solamente fuesse tomada en tus gentiles manos!" (10). The context, however, destroys all illusion of self-denying servitude: the letter is being sent because Renedo has suggested it as a test of Finoya's defenses, reasoning that as a woman she is bound to be easily persuaded: "dize el Philósopho que la muger es hombre imperfeto, por donde pueden hazer ante vn yerro que nosotros. Mi pareçer es que me des vna carta y tentemos qué tan hondo está este vado" (9).

There is none of the distinction between the servants' perception of "love" and that of their master, as we see in yearning Calisto, self-serving Sempronio, and soon-to-be-corrupted Pármeno. Darino states at the very outset the two emotions Finoya has instilled: "alegría por conoçella, y tristura por no alcançalla" (9); his goal is to remove the cause of his sadness. Boase states that, "like Calisto, Darino employs the language of courtly love, but his words contradict his intentions" ("Imagery" 25). Calisto may believe that he is in love and even when alone express himself in the only amatory vocabulary he has, the courtly rhetoric; in speech or deed Darino does not try to deceive anyone but Finoya, using the bookish courtly words only when he feels that convention dictates, that is, in his letters and in addressing her in conversation –and the latter only in their initial moments together. Because such sexuality propels the development of the story (even more forcefully than it did in *Celestina*), it reduces to mere verbiage the exquisite stylized courtly love language which had transmuted the urge to couple in the *cancioneros*; Darino's tone may at times be plaintive, but he is only paying lip service to the medieval tradition. And, though Renedo and Angis may differ from each other about some things, their general attitude are in concert with their master's, as María Rosa Lida de Malkiel noted: "hay al principio una tenue oposición entre Renedo, dado a teorizar en abstracto, y Angis, amigo de consejos prácticos, pero a poco ambos se muestran igualmente fieles, igualmente denodados, igualmente sentenciosos y misóginos" (632).

Although it has been traditionally referred to as a *novela sentimental*, *Penitencia* is not a sentimental romance. (As Grieve points out (xvi, n. 9), the term "romance" is more accurate than "novel"; perhaps the late Keith Whinnom's critical bibliography, *The Spanish Sentimental Romance 1440–1550*, will spur use of the term.) The tale does not have the basic characteristics of the "genre" as they have been described by José Luis Varela, characteristics which, "sin el menor instrumento crítico, estilístico o histórico surgen espontáneamente a los ojos del más descuidado lector," to wit: "la pretensión autobiográfica de sus autores; el tono quejumbroso y luctuoso que afecta la narración y los monólogos; el afán de inquirir, mucho más que describir o definir, la intimidad psicológica de los protagonistas; el erotismo, que llena y da sentido a la acción y a la existencia toda de los personajes" (353). *Penitencia* borrowed the epistolary technique from *Cárcel de Amor* by Diego de San Pedro and the dialogue structure from *Celestina*, thus creating the "manera por cartas y por çenas" which Urrea ascribes to Terence in the opening lines of his "Prólogo" (3). The tale is not, then, autobiographical or third-person narrative; it is dialogue with the occasional letter read into the text.

A third source was identified by Barbara Matulka: Juan de Flores's *Grisel y Mirabella*; it provided principally the manner of resolution of the dishonor which the lovers' *voluntad* had caused. She thus corrected Marcelino Menéndez Pelayo's long-standing description of *Penitencia* as "una producción híbrida" based on only the two previously cited sources in which Urrea, "sin hacerse cargo de la radical oposición del sentido artístico de ambos libros, ni de la profunda desemejanza de su plan y estilo, intentó fundirlos en uno solo, no olvidando tampoco sus hábitos de poeta cortesano" (257). Finoya does echo Braçayda's attacks on Torrellas in Flores's novel, but she doesn't sound like a real woman defending herself; though an accomplished poet, Urrea spends no time in probing or even sketching his characters' deeper emotions. There is much that is wooden about *Penitencia*, even when its author is treating the most compelling urgings of desire. By none of his models was Urrea instructed in the depiction of a real woman's feelings; in his misogynistic treatment of Finoya as sex object he carried to its radical limit the *cancionero* mode of thought and expression in relation to women in which he was an adept: "the conventionality of metaphor and adjective in the majority of the learned lyric renders woman a cold, almost dehumanized idol, a symbol rather than a truly warm human being of flesh and blood" (Sponsler 117).

In seeking to categorize *Penitencia* we must reject the titles of *novela amatoria* and *novela dialogada* offered by Juan Ignacio Ferreras as sixteenth-century "tendencias o tipos de novela" (13). The first is defined as a novel with no other theme than love:

> puede haber, las hay, algunas digresiones caballerescas, pero solamente el amor se constituye como eje de toda la problemática, de todo el funcionamiento de la novela. Como el amor, por definición, es individual, la novela amatoria materializa un protagonista todo amor, que sólo piensa, vive y espera en torno al amor, y que siempre por amor, morirá. Esta unidad no ha permitido, aunque se haya dicho lo contrario, ningún tipo de análisis sicológico en los personajes, puesto que éstos están dados de una vez para siempre: un amador que sólo se expresa y vive a través del amor, y una amada inaccesible, ajena siempre al sufrimiento de su amador y causante de su muerte. (15)

If at first reading this statement seems to apply to *Penitencia* —especially to the lack of depth in its characters— it must be pointed out that by *amor* Ferreras means courtly love, *amour lointain*, and this is not what propels Urrea's plot. The prototype of the *novela dialogada* is, of course, *Celestina*, but with all the apparent similarities, *Penitencia* fails to provide the "homologación de universos" which is Ferreras's fourth characteristic of the type: "se trata de representar el universo social objetivo en el que ha surgido la propia obra" (25); the world of this romance is as closed as is that of the *novela amatoria*. Even were one to discount this last requirement as specious —dialogue is dialogue— the use of letters makes it difficult to accept the category. The more universal term *novela erótica* as Armando Durán employed it, to designate a romance with a bougeois ambiance, an erotic love affair, no kingly involvement, and *desesperación* in a story told in the first person (62), would obviously have to be modifed for *Penitencia*.

If one starts with the theme of a romantic encounter as a basis for classification, the choice of pigeonhole is made no easier. Given the nature of Pedro Manuel's treatment of love in the form of desire leading to rape and thereupon to life imprisonment, it is impossible to accept Grieve's use of *Penitencia* as her first example for the general category of frustrated love (xviii). The story seems more properly to fit her other classification, that of violent love. Indeed, her statement of the contravention of the *cancionero* rules of the game of courtly love in some sentimental romances adequately describes what *Penitencia* seems to accomplish: "a major point of the sentimental romances of violent love is to show the inherent flaw in the courtly code. That is to say, the imitation of this code in reality is not viable. *Cancionero* love poetry functions in a very limited manner: poets claim that these lamentations are the consequence of real experience. It is my belief that, as a genre, the sentimental romances of violent love are meant to be works of *reprobatio amoris*, not just in a moral way, but simply for survival: love brings with it disaster" (78). Even with imprisonment as terminal frustration for the love affair, *Penitencia* is decidedly not one of the "simply narrative versions of *cancionero* poetry" as Grieve defines romances of frustrated love (xviii). In fact, if one relies upon Darino's statement that imprisonment is a harsher punishment than execution –"por pena de algún caso no dan sentencia de muerte, y ponen en cárçel perpetua, querría el tal más morir" (18)– it is not inconceivable that Urrea might have considered his ending a stronger condemnation than the fortuitous fall of Calisto and the suicidal fall of Melibea in *Celestina*. Of course he nowhere states an authorial goal of criticism as did Rojas; what one reads in his text, however, appears to be strong evidence that he meant at least the ending of his tale to be a *reprobatio amoris* of the same ilk, his own misogynism adding a substantial thematic component.

Not so curiously, chivalry is absent, as Varela has indicated: "En la mayoría de sus creaciones, la novela sentimental se nos presenta como una novela de caballerías en la que se han alterado proporciones y sentido. En la caballeresca, la dama es un pretexto o acicate para el ejercicio de las armas; en la sentimental, la amada se merece, aunque no se consiga, por el servicio amoroso, y las armas son un pretexto para mostrar la pureza y fortaleza de ese sentimiento amoroso" (375). This last evokes the memory of San Pedro's Leriano heroically freeing Laureola and honorably placing her in the hands of her uncle Galio, but it hardly applies to Darino, for whom manly deeds, Angis suggests, would assist in convincing the lady to admit him to her bed and body (33). One is led to see Darino primarily as an experienced and determined seducer; he declares boastfully of his amatory successes: other *caballeros* "no alcançan lo medio de lo que yo he avido" (51).

Could *Penitencia* have been initially conceived as a play? A similar question has been applied to *Celestina*, and Varela wondered "si estos ensayos novelísticos [the sentimental romances] no descansan estilísticamente en la experiencia dramática" (373). Pedro

Manuel versified the initial scenes of the first act of *Celestina* under the title of *Égloga de Calisto y Melibea*, presenting non-chivalric treatment of woman there as well, in the debate between Calisto and Sempronio: "la porción elegida por Urrea debe haberle atraído por su carga de tópicos en alabanza y vituperio del amor y de la mujer, a que tan aficionada fue la España de entonces" (Hathaway, "*Égloga*" 315). This "play" closes at the moment when Sempronio leaves in search of Celestina, thus it includes for most of its length the discussion between the misogynistic servant and the profeminist master; it is not impossible that writing the eclogue was an exercise which caught his attention by virtue of its misogynism. The parting *villancico* ends with a thought well suited for Darino:

> Y así que nunca el consuelo
> se tarda ni durará,
> que lo que en ventura está
> todo se pasa de vuelo.
> Pues no tengamos recelo
> do puede auer esperança,
> que todo haze mudança. ("*Égloga*" 330)

Darino's attitude perversely exaggerates the Calistine version of profeminism, considering only the physical glories of woman and the pleasures she can offer man. Perhaps Urrea's *Égloga* was left as an uncontinued adaptation because he became interested in creating his own version of the stalking of female prey, something only referred to in the debate between Calisto and Sempronio. There is no gainsaying the fact that a misogynist tone pervades the romance and the same goal of sexual possession takes over plot and masculine characterizations in *Penitencia*, leaving no room for chivalry.

There is a relationship between this *Égloga*, Urrea's somewhat more sophisticated Encinian playlets, and *Penitencia*: the theme of love. *Penitencia* differs from the pastoral pieces, however, in one major respect: there are none of the shepherds which almost completely populate the eclogues. Asensio refers to the theatrical "doble herencia" which Urrea had received: the pastoral of Encina, and from Lucas Fernández "la tensión patética, la violencia física y la urgencia de la atmósfera campesina" (xxxv; see also Hathaway, *Love* 85–94). The boy-girl love-in-bloom formula, Celestinesque in Urrea's prose piece, is Encinian and Fernandine in the eclogues; he offers no cunning servants who assist in seeking physical balm for the master's misery, and *terceras* and their infernal arts are characterized as an influence for evil, as was seen in the treatment of Flugencia and Eritea, Encina's Celestina and Elicia in the *Égloga de Plácida y Vitoriano*. In Urrea's second eclogue, for example, the go-between (known only as the Vieja) boasts of being more knowledgeable than Celestina herself, but after she leaves she is described as one to be shunned:

> Es del infierno portera,
> estiércol lleno de pulgas,
> que la hallarás, si la espulgas,
> suzia de dentro y de fuera.
> Humo turbio de hoguera,
> de hechura de Antechristo:
> nunca yo jamás he visto
> tan triste carne en buytrera. (*Églogas* 23)

As well as these types of presentation we may suppose that he knew (or knew of) the classical Latin and contemporary Italian comedies – if his references to their authors can be accepted as hard evidence. I believe that he chose to ignore all these models and to focus his energies on imitating *Celestina* without any conscious effort to produce a "real play" as did Bartolomé de Torres Naharro in his *Comedia Ymenea*, thus to break with the Castilian traditions of pastoral courtly love or rustic tumbling as the business of dramaturgy, the traditions which Urrea followed.

Villar commented that ending the *Égloga de Calisto y Melibea* with a *villancico* "advierte que el poeta no se propuso quizá otra cosa, que rendir el debido homenaje al escritor castellano, y que obraba ajeno á la idea de hacer una obra que pudiera representarse, ó que revistiera el carácter novelesco que tiene el original, aun cuando claramente alcanzara la importancia y porvenir de la poesía dramática" (CZ xxix–xxx). *Penitencia* too was undoubtedly created to pay the same testimony; we could ignore structural criteria and simply refer to it as a Celestinesque romance.

And in imitating *Celestina* Urrea appropriated (perhaps unknowingly) its method of exposition: "In this generic hybrid [i.e., *Celestina*] the listener or reader is not made omniscient by an omniscient author as so often he is in the novel and in many Golden Age *comedias*; the characters always know more about themselves and one another than the listener or reader does; and their tendency to lie and cheat, to keep silent about important matters, and to reveal facets of their own and others' personalities only very slowly as the drama unfolds, means that the reader has constantly to be on guard" (Michael 521). It is quite possible that Urrea was never aware of Rojas's technique of gradually providing the cast in *Celestina* a depth of personality, and perhaps for this reason he did not develop his characters beyond the level of literary imitation. Readers of *Penitencia* are uneasy about the differences between words and actions, particularly in the case of Finoya.

We must always come back to the fact that *Penitencia* clearly continues the process of "genre disintegration and merging" which, as Ian Michael points out (519), characterizes *Celestina*. None of the terms mentioned seems adequate. Of course "the dream of classifiers, a permanent schema making order out of the unruly world of literature, has never been realized" (Eisenberg 82). Urrea's own quite convenient description is an *arte de amores*, understood in the Ovidian tactical sense. Vigier would agree with the appropriateness of this designation –"L'inspiration conjugée de *La Celestina* et du roman sentimental en fait une œuvre curieuse et hybride que son auteur définit comme un art d'aimer 'por cartas y por çenas que dize el Terencio'" (237)– but one must point out that emphasizing the tactical arts does not take into account the condemnation of physical love presented by Nertano's punishment of Darino, Finoya, and their servants.

One cannot overlook the possibility of the influence of Ovid; Schevill stated that Urrea "even seems to have been influenced by Ovid directly, and not only by preceding erotic fiction" (124). In the prologue to the 1516 *Cancionero de todas las obras* (hereafter CT) Pedro Manuel quotes from the opening line of the *Remediorum amoris*, referring to it as "el dulce libro de Ouidio en donde comiença Legerat huius amor" (CT fol.j^v). In Renedo's advice to Darino there appears to be a reprise of the opening verses of the *Ars amatoria* in which Ovid speaks of technique, of what Peter Green calls "skilled mastery" (Ovid 339): "como dize Ouidio, por arte de los remos y velas van las fustas por la mar, por arte son ligeros los carros y carretas, y por arte se a de regir el amor; que, por muy graue que sea, verná a la razón" (8). The letters exchanged between Darino and Finoya could have been intended as instruction for lovers as Ovid intends in Book III of the *Ars amatoria*. The military nature of Darino's enterprise is not unlike the siege Ovid urges would-be lovers to undertake; with Romulus and the Sabine women as historical models, he also condones assault: "It's all right to use force –force of *that* sort goes down well with / the girls: what in fact they love to yield / they'd often rather have stolen" (*Ars*, I, 673–675; Ovid 187). *Celestina* predominates as model for *Penitencia*, but there is much to lead us to believe that Urrea, like Rojas, relied on the classic *praeceptor amoris* as well. Edwin J. Webber notes that "out of the medieval tradition of Ovid and Terence, primarily, there developed in the early years of the Renaissance the conception of a loosely defined genre which offered accounts of amorous experience, both exemplary and reprehensible" (150).

How, then, to resolve the apparent contradiction of instruction and reprobation? The clue is to be found, I believe, in another link between Urrea's romance and its model: "the lovers' [Calisto's and Melibea's] deaths themselves are used to envision literally the metaphorical 'dying of Love,' which, when literalized, becomes a powerful, self-condemning exemplification of the dangers of concupiscent love" (Kassier 24). The imprisonment of Finoya and Darino is in the same fashion a literalization of the *cancionero* metaphor or allegory of Love's prison.

Love and Honor

When an individual's amorous will –*voluntad*– comes into conflict with obligations imposed by society, the ensuing struggle is resolved in fiction by presenting one or the other as the greater good of the artistic moment. That Pedro Manuel was conversant with the literary convention which focussed narrowly on this opposition is evident upon a brief glance at his principal sources: *Grisel y Mirabella, Cárcel de Amor*, and *Celestina*. Flores's Mirabella became enamored of Grisel, the successful contender in the mortal struggle which followed the debate over which nobleman deserved to serve her: "ella por sí sola sin terçero buscó manera a la más plaziente que peligrosa batalla donde los desseos de Grisel y suyos vinieron a efecto" (note the mutuality of desire). But her maid let the secret slip and the king finally heard of his dishonor, "el qual como oyó tan feo caso, con grande discreción buscó manera cómo amos los tomassen en vno" (fols A4^v–A5^r). The death-by-fire penalty for fornication was then invoked, but as for the lovers, "cada uno dezía todas las culpas esser suyas." Seeing that her father was deaf to all entreaties for clemency after the Torrellas–Braçayda debate had condemned her, Mirabella threw herself from her prison tower window and was devoured by the royal lions. What for our purposes we must remember from this tale is that she and her lover "forman una pareja totalmente entregada a su libre pasión amorosa, sexual, por encima de todo convencionalismo socio-religioso, y por ello habrán de morir" (Blanco Aguinaga et al. 163).

San Pedro shows us the travails which Leriano suffered in his love for Laureola, daughter of Gaulo, the king of Macedonia, in whose court he was a foreign visitor. Laureola rejected his advances in the name of her honor, the strength of which she claimed was intensified by her station in life. Persio later claimed before the king that a secret love affair was going on and challenged Leriano. Although Leriano subsequently did all that was honorable to clear Laureola's name, including freeing her by military battle from the unjust imprisonment mandated by her father, their love just could not be continued. He wasted away in the belief that his death would be the ultimate service, in the sense of removing from Laureola's life the source of her displeasure, "y assí quedó su muerte en testimonio de su fe" (*Cárcel* 176). His love was that chaste *amour lointain* which had to yield to the dictates of social responsibility.

Rojas presents us with a far more intricate –and ironic– contention between love and honor, in which such ideals as love, honor, chivalry, and loyalty are debased by the powerful factor of self-serving pleasure, despite wordy protestations in the name of what is "good" and "right": "love" denotes only sexual and carnal desire, "honor" is a cloak easily cast aside in the name of expediency in service to the self, "chivalry" is only a memory of books read, and "loyalty" is a sometime and suspect thing which is allowed to exist only as self-interest permits. One does discover "un pragmatismo agrio y pesimista, un verdadero maquiavelismo del comportamiento interindividual, desligado de vínculos tradicionales y atento a la eficacia del fin egoísta que se persigue" (Maravall 113).

Calisto's thoughts after he has heard of the deaths of Celestina, Sempronio, and Pármeno provide a telling illustration:

> ¡O día de congoxa! ¡O fuerte tribulación! ¡E en qué anda mi hazienda de mano en mano e mi nombre de lengua en lengua! Todo será público quanto con ella e con ellos hablaua, quanto de mí sabían, el negocio en que andauan. No osaré salir entre gentes. ¡O pecadores de mancebos, padecer por tan súpito desastre! ¡O mi gozo, cómo te vas disminuiendo! . . . Pues por más mal e daño que me venga, no dexaré de complir el mandado

de aquella por quien todo esto se ha causado. Que más me va en conseguir la ganancia de la gloria que espero, que en la pérdida de morir los que murieron. (*Celestina* II, 111–112)

Pleasure is all, what is most transitory has become the center of man's attention, but the abyss still yawns before his unseeing eyes: "*Gozo* in the world of *La Celestina* is temporally limited and by definition can only exist for a few brief hours and weeks. And every time we hear Calisto and Melibea exclaim at its marvel we also shudder at the fate we know is in store for them. It is perhaps the most pathetic and the most remorseless of the many varieties of dramatic irony with which Rojas engages our continuing attention" (Gilman 385).

Urrea followed the path indicated by his sources: outside the sacrament of marriage, love should win no physical reward because such "love" must be punished. It was his choice to follow *Celestina* in his story line; not for him San Pedro's tale of disinterested courtly love (the love he espoused in his own *canciones*) but rather the consummated act of love and its ensuing tragedy as depicted by Flores and Rojas. Such denial or punishment of illicit love should not be construed to mean that these three authors championed honor above love or that they favored the punishment of what society deemed to be sexual transgression. Their interest was in the dramatic tensions –personal, familial, social– created by a passionate love affair; the amorous intrigue –part of what Urrea means in his reference to the "estylo de Terencio" (3)– and its appeal to the reader were what interested them first and foremost. Castigation could come in acknowledgement of, or token obeisance to, the morality of their day; San Pedro as palatine would be expected to uphold the virtues deemed appropriate by the court and Rojas expressed his goal of reprobation, but Flores's intention is less clear. And, like Flores and Rojas, Urrea chose to underscore the negative aspects of love. Referring to *Grisel y Mirabella*, Grieve describes this process of demythification: "Love, better named desire, brings with it unexpectedly bitter results, which are never seen in, for example, the romances of chivalry, and are not fully explored in the cancionero love poetry which glorifies violence –the poetry of 'muero porque no muero.' Here, the paradox is brought to life and shows its violent nature" (72).

Darino and Finoya

Foulché-Delbosc erred greatly in his description of the protagonists: "Darino et Finoya ne sont qu'un reflet de Calixte et de Melibée" ("La *Penitencia*" 202) Clearly Pedro Manuel had Celestina uppermost in his mind during the creation of the tale, but his Darino is more forceful, more experienced and self-confident than Calisto, and Finoya is an unwilling *amada*.

Grisel and Mirabella, Calisto and Melibea, all eagerly followed their desires and hastened to their lovers' goal; Leriano and Laureola bowed before the proscription imposed by society and forbore. Darino and Finoya fall in neither camp: he is the determined initiate of Eros, she the novice who seems not to have learned Love's catechism. Their physical union does not result from mutual passion or show equal sexual enthusiasm in both partners; much to the contrary, it is the violent imposition of Darino's goal, the realization of his own pleasure upon the body of Finoya. He bears close resemblance to Calisto in this regard: "Las penas de amor que en tan variadas maneras manifiesta Calisto pueden ser aliviadas y olvidadas en la posesión carnal de la amada"; it is "el dardo del instinto sexual el que le aguijonea todo a lo largo de esta 'batalla de amor' que nos han pintado los autores de *La Celestina*" (van Beysterveldt, "Nueva interpretación" 90). He also shares with his model an impatience which forces the pace of this search for satisfaction; with the appropriate substitutions the following statement as well can be applied to *Penitencia*: "Son su amor, su pasión, sus deseos ardientes los que le mueven a él e indirectamente a todos los personajes de la *Tragicomedia*. Una de las maneras en que el autor puede llevar la acción de la obra adelante es precisamente por medio de la impaciencia de Calisto" (Ayllón 97).

Where Darino clearly differs is in his decisiveness, in a capacity for control which appears to have been born of prior experience; he is a far cry from that "subjective image of an indecisive, quasi-impotent male," the "self-doubting, adolescent Calisto" (Gulstad 74); he does use the lexicon of courtly love (as in the letter cited above), but he is not as book-oriented as Calisto is in verbalizing his emotions (although he does syllogize with his servants, and perhaps overmuch). As stated above, his courtly pretences are few; he makes it clear to all –to Finoya as well as to his servants and to the reader– that it is desire which drives him on. And no more proof of his experience in carnal matters is needed after we hear his post-coital comments to Finoya (39 and 48); Angis had good reason to say of him "los casos de mugeres son quales tú sabes" (8).

Urrea introduced a fine irony about Darino's quest: the time-worn imprisonment-by-love metaphor becomes a real incarceration. Darino waxes philosophical: "cierto bien dizen que muchas vezes la vida es peor que la muerte, que por pena de algún caso no dan sentencia de muerte, y ponen en cárçel perpetua, que querría el tal más morir; quanto más yo, que mi perpetua cárçel es tal que, cabe ella, todas las otras son casas de deleyte" (18) –but he speaks before his first invited visit with Finoya. Renedo exults when Darino is about to enter her house: "Ya son abiertas las puertas de tu cárçel, ya es cumplido el tiempo de tu destierro, ya es venida la ora de tu bienauenturança" (36); he cannot know that the next evening Darino will hear Nertano order that lovers and servants spend the rest of their days imprisoned in separate towers: "No he querido daros muerte a vos, hija, porque el coraçón no me lo a çufrido; y a vos, Darino, no he querido mataros, *porque penéys más*" (48, my emphasis). But Urrea only suggests this irony, he does not elaborate it.

Finoya is not easy to characterize, perhaps because she is such a mediocre creation. She does not seem to love Darino or desire him. At times she seems to be as adamantly opposed to his advances as was Laureola with Leriano, but she does use her letters in a manner like playing the game of courtship –which is how she seems to view her dealings with Darino. It is an unfortunate consequence of Urrea's faulty characterization of Finoya that "seems" *is* the word which the exegete has to use in an attempt to describe her. She has no maidservant with whom to discuss her "real feelings"; there is no unburdening monologue similar to that which Rojas gave Melibea in his tenth *aucto*, providing what van Beysterveldt calls "la verdad más auténtica e individual acerca de los amorosos anhelos que animan a la doncella" ("Nueva interpretación" 100). We cannot know for sure whether her rejections of Darino are real or merely *pro forma*. The reader will search in vain for a development of Finoya equal or even proximate to that of Melibea: "Si el escenario inicial nos la presenta como una mujer inexperimentada, Rojas sabe construir una trama que deja que ella se escape de la imagen estereotipada de la burguesita bien educada que tienen de ella sus padres (y, por extensión, los otros de su clase). Y al escaparse de ella, descubre su otro ser, iluminado por una pasión consumidora, y vive esa realidad (¿o ilusión?) intensamente. . ." (Snow 469–470).

It might be the case that Urrea could recreate a *doncella*, a social type known to him, but lack the talent and/or the interest to express with real-life fullness the thoughts of a young gentlelady who is being approached in a manner and with an emotional intensity which she might well mistake as fervent courtship. Julia Fitzmaurice-Kelly described what might have been the life of such a *doncella* as Melibea or Finoya. She would have been subject to close restrictions, care being taken to keep her safe from temptations and virginal for marriage. She would have been left much time to herself in which to imagine what those temptations might be like, and the safeguards themselves might lead to a sort of self-temptation in which an innocent young maid could timidly or eagerly "play at love" without being fully aware of just those dangers she herself was now courting. The process would be so much fun, almost like being in a sentimental romance:

> A natural consequence of having nothing to occupy the mind was the insistent dwelling upon thoughts of love and courtship. It was a thing almost unavoidable and inherent to an age where marriage was the end and aim of woman's existence. . . . It was so easy to exchange a veiled glance when out, to let a white hand appear behind a shutter, to drop a flower [or a fan] from a balconied window. It lent spice to a life empty of interests to carry on a surreptitious correspondence with an ardent young gallant. And it was so difficult to resist the next step, and often so impossible, when youth and love combined against them, for those in authority to prevent the catastrophe. (Fitzmaurice-Kelly 583)

Such things Urrea could have observed, could even have been party to as supplicant, but he apparently had little knowledge of the working of the feminine mind; he wrote from within himself and without Rojas's perceptions and talents, presenting a strictly masculine perspective of amatory pursuit and reward with its concomitant depersonalizing of woman.

On the other hand, might it be possible that Pedro Manuel meant Finoya to be playing the coquette? That her protestations were indeed *pro forma* and a semi-transparent mask for her own sexual curiosity? Perhaps Ovid was of influence here as well: "If you take / the initiative, it's true, –you may feel some embarrassment: better / to let *him*– and more fun when you submit" (*Ars*, I, 703-06; Ovid 188). Such a literary depiction could have easily been derived from the portrait of Melibea in her role as all-too-human individual.

Pierre Heugas recognizes the daughter-of-Eve archetype –"si Finoya a succombé c'est parce qu'il est dans la nature des femmes de succomber" (366)– and considers Finoya a representative heroine:

> A la vérité, cette œuvre ambiguë [*Penitencia*] nous offre le meilleur commentaire qui se puisse trouver sur la nature de l'amour des heroïnes mélibéennes ou de toute autre héroïne qui se trouve engagée dans une aventure dont le dénouement est sa chute et sa propre défloration. La réponse hautaine et le *fingido enojo* de l'héroïne (la *condición vergonzosa*), les premiers et derniers abandons, au nom des deux autres conditions, déterminent une psychologie archétypique de la femme devant l'amour. Le *Pamphilus*, les œuvres de la célestinesque et la *Penitencia* de amor se séparent du roman sentimental sur le seul fait que l'aventure est conduite à son terme et ceci sans concessions. Et ce n'est point, chez nos vieux auteurs, pour exprimer consciemment la totalité de l'amour, cette conscience chez eux serait alors anachronique, mais pour exprimer la faiblesse de la femme devant la tentation de la chair quand viennent à s'écrouler les barrières que lui impose sa *condición vergonzosa*, en d'autres termes sa pudeur et le sentiment de son honneur. (367)

What leads one to question this characterization is Finoya's passivity. She shows no signs of having passed through to the new stage of equality in passion which Dinko Cvitanovic described as the progress shown by Mirabella: "no sólo se atribuye la culpa grave de haber correspondido, sino también la de haberse adelantado ella misma . . . . Así, pues, el amor que todo lo arrastra, hasta ahora privativo del amante, pasa a ser compartido por la amada y, por consiguiente, ésta, de objeto pasivo de amor se convierte en sujeto agente" (191). She cannot be paired with Melibea in regard to their emotional state *post coitem*: Rojas's heroine is delighted by the physical pleasures of love, but Urrea's is not. She shows no signs of inviting another encounter, no willingness when Darino invites himself, but rather apparent resignation followed by attempts at denial; there is no pleasure in her submission during this second visit.

For whichever of the reasons suggested, Finoya rarely goes beyond a victim's role. And because her creator is dealing with a set of clichés from the *cancioneros* it is difficult to discern whether he means a cliché as a "reality"; as Pamela Waley observes, "torn letters, anger, adamant refusal are of course conventional first reactions to the approach of the courtly lover, but this does not invalidate them as normal reactions to the behaviour of an unwelcome and importunate suitor on a more realistic plane" (258–259). The reader must decide, of course, which view of Finoya is "correct," even though Urrea's signposts give no clear direction. Lida de Malkiel commented upon his ineptitude: "De todas las imitaciones [of *Celestina*], la más torpe en cuanto a la evolución de la heroína es probablemente la *Penitencia de amor*: Finoya, so pretexto de cortesía admite el cortejo de Darino; para no dar escándalo recibe su carta; le contesta a fin de disuadirle de su propósito y acaba por allanarse [?] sin mostrar amor y manteniendo siempre la misma esquivez cerril del principio" (460). We perceive the apparent contradictions between Finoya's stated intent –rejection– and her words and actions and we are left to wonder what Urrea really meant for us to think, given the undeveloped characterization. Certainly he lacked what Rojas clearly showed in *Celestina*, "an unusual understanding of women and a rare sympathy with them as human beings" (Swietlicki 9).

The Author's Purpose

The following section considers the questions of what our author conceived his story to be, what he expected to convey to his readers. We can proceed only by hypothesis and conjecture.

It is obvious that Urrea was drawn to *Celestina*, a work which broke with so many traditions but was especially significant for its pessimistic realism. What could have been its attraction for him? I shall consider three possible theories, none exclusive of the others: first, a tale of the taking of what is desired could have appealed as a fantasized palliative to his feelings of impotence as *segundón*; second and closely related, as a *converso* himself (Asensio's hypothesis, *Églogas* xliii), Rojas's destruction in *Celestina* of the artificial chivalrous-amorous worldview might have provoked echoes of sympathy in him; third, it would have satisfied his belletrist dilettantism to imitate the most popular literary work of his day.

The Second-Born Theory

This theory might run as follows. *Penitencia* is the account of a rape. The goal of sexual conquest is identified from the outset; all masculine energies are directed toward it, all guile and power are concentrated upon it. Finoya means nothing as person, everything as object/objective; she represents for Darino only pleasure, the thrill of the chase and the excitement of capture. Perhaps equally important, however, she is also a trophy which, once won, will proclaim his sexual prowess: she is a material goal. Each stage of the developing affair is marked by an exchange of gifts initiated by Darino. It seems noteworthy that Finoya is the more conscious of the material worth, being careful to send to Darino objects of the same monetary value, perhaps to cancel any sense of obligation, after she refuses the first gift: "bolved el oro, que ni a él reçibo, ni la voluntad agradezco" (11). The servant Angis does observe (27) that money can achieve success in seduction; Renedo notes (29) that honor is only an obstacle, not a barrier. Darino is what Urrea was not, one who feels able to take what he wants, even by financial advantage if necessary; he may well have served as alter ego, a way for Pedro Manuel to accomplish in fantasy what he could not in life, the willful exercise of rank and riches. It is a flexing of socioeconomic muscle, so to speak.

Urrea's words in the dedicatory preface addressed to his mother may make this theory suspect: it is apologetic about the low subject matter, for which he claims no originality –"ninguno puede hazer ni dezir cosa que no paresca a lo dicho y hecho" (3)– and, despite the (*pro forma*?) modesty with which he usually couches references to his own work, he may be earnest in the deprecation of this authorial effort as being unseemly: "ay otras cosas en que más cauallerosamente se puede exercitar el entendimiento con otros passatiempos seguros de reprensiones" (4) –if we accept this at face value. Another possible piece of evidence to counter this theory is the punishment given rapist, victim, and servants; Urrea might fantasize through Darino, but it seems rather doubtful that one who was suffering a penurious life in the Aragonese wasteland would cap vicarious success with incarceration.

Because we know so very little about the man, we can guess only at our risk what his personal reasons were for creating the characters and phrasing their thoughts in the text he has left us. For example, is the punishment of Darino the expression of aggression directed at his older brother, inheritor of title and wealth, and if it is, is it conscious? Is the intractable Nertano a replication of his own father? Is the violent mistreatment of Finoya tied in some way to an *amorío* of his own? It is easy to conjecture and impossible to substantiate.

The Converso Theory

This is much the same as the previous theory but with an ethno-religious motivation supplanting the personal/familial one. Asensio wondered whether Pedro Manuel had a Jewish background as did his wife; he raised the question but, as is the case with most of Urrea's biography, he found the answer elusive: "Quizá los propios Aranda llevaban «raza» judía, si hemos de creer las maledicencias del *Libro Verde de Aragón*. Su padre había sido preso por la Inquisición, junto con otros nobles, a raíz del asesinato de Pedro de Arbués [the chief inquisitor killed in Zaragoza's cathedral on 14 September 1485], tal vez por amparar a alguno de los complicados. Y quizá hablaba Pedro Manuel *pro domo* cuando ponía en boca del ermitaño de la *Batalla* [*de amores*]: «Ellos (los judíos) andan enbueltos con nosotros y nosotros con ellos por casamientos y erencias, y por otras muchas maneras, viniendo algún tiempo a tener alguna fuerça sobre nosotros con las [sic] mucha pompa que ellos han tenido y tienen»" (xliii).

If Pedro Manuel as *converso* had in fact been suffering under the double standard by which his fellow Spaniards judged conduct, he might have viewed favorably the literary means by which his putative coreligionist Rojas had attacked his persecutors: "el principio igualitario . . . del instinto sexual . . . fue concebido por Fernando de Rojas como un medio para expresar su resentimiento de judío converso contra la desigualdad social que se había introducido en la sociedad española del siglo XV entre los cristianos viejos y los cristianos de descendencia judaica" (van Beysterveldt, "Nueva interpretación" 110). On the other hand, were we to accept Whinnom's suggestion that Rojas's own personality, not a *converso* background, was the cause of his authorial stance in *Celestina*, we might wish to consider whether or not Pedro Manuel might also be described as "an arrogant, resentful, hypocritical, priggish show-off" ("Interpreting *La Celestina*" 66), and that *Penitencia* is, like *Celestina*, "an attack not simply on the code of courtly love but also on those who subscribed to it, namely the aristocracy" (63). *Penitencia* would therefore not only render tribute to the popularity of *Celestina* but also meaningfully echo the critical tone of the Rojan model with no ethno-religious prejudice but grounded in Urrea's own bitter experience with the law of primogeniture.

This theory built on conjecture needs a more complete biography to be judged, and even were a Jewish background someday to be proven, we would have to know as well whether conversion was voluntary or imposed, embraced or suffered, and how it affected Pedro Manuel himself as convert or as a descendant of *conversos*.

The Dilettante Theory

Urrea wrote verse in all the popular meters of his day, on all topics, and in the cultured and popularizing modes. He wrote short Encinian plays and brief prose pieces, and he versified part of the first act of *Celestina*. It has been said of him that he provides a panoramic spread of the literature of his time (Villar vii; R. H. Webber 360–361). It seems only fitting and natural, then, that he would want to try his hand at the "new realism" made popular by Fernando de Rojas. *Penitencia de amor* was the result.

The theory is attractive, particularly when one reviews the 1516 *Cancionero*, a real specimen-book of Spanish literary pursuits in the early sixteenth century. Our author proves himself to be a literary dilettante, with an attraction to *Celestina* as well as to the other amatory modes of his time wherein he adopted the stance of the courtly lover; he might well have set himself to an *arte de amores* which conveys a *reprobatio amoris* similar to that of *Celestina* or even Ovid. Unless and until we have evidence sufficient to substantiate one of the other theories (or to devise a new conjecture), this one appears to be the most plausible.

In Closing

In his study of *Amadís–Esplandián–Calisto*, van Beysterveldt asserted that the "imitaciones y adaptaciones de *La Celestina* merecen toda la atención de los historiadores literarios, no sólo por la variedad de motivos . . . , sino también por el interés intrínseco que nos brindan" (255). His statement applies to *Penitencia*; it is not a great work of fiction (some of its faults are discussed above and others will be pointed out in the comments which accompany the text) but it is a small book which I believe merits wider circulation and an updated critical perspective so that it may take its place in the development of the novel in Renaissance Spain.

Because Raimundo Foulché-Delbosc rescued Urrea's tale from oblivion, it seems fitting to accord him the last word about it here: *Penitencia* "est loin . . . d'être sans mérite, et si un accident avait empêché la *Célestine* de nous parvenir, nous aurions là un livre du plus haut intérêt" ("La *Penitencia*" 202).

Editorial Criteria

The text was microfilmed from the only extant copy of the princeps known to us, presently held by the Bibliothèque Nationale in Paris; abbreviations are resolved and indicated by italics. Accents are added except on consonants used to represent vowels (*ay=ahí, guje=guíe*); sentence structure and punctuation follow modern practices. Typographical errors of the original are pointed out but not corrected. Indications of the beginning of each folio are inserted within brackets. I have arbitrarily resolved *tābien* and *tāpoco* as *tanbién* and *tanpoco*; only one *también* appears unabbreviated in the text. The format of the princeps is retained: each unnumbered *çena* is introduced by a list of the speakers; the first in the order of these is first to speak, unidentified as such in the left margin.

The second edition of *Penitencia* in Urrea's 1516 *Cancionero de todas las obras* presents several printing modifications. The changes *nadi>nadie, syno>sino/si no, atorgar>otorgar, mil>mill*, and direct object *le>lo* are complete or nearly so; less regular is the change in the intervocalic Ç (or C or accidental Z) to SC, but not as word-initial (*çufre*, etc.). Graphic doubling of intervocalic F is more regular than in the 1514 edition, and, to a lesser extent, that of the unvoiced intervocalic S: *affrenta, çuffrimiento*, etc., and *esse/a* and *desseo* (noun). Some obvious errors were corrected –*eschuça>escucha, entendiendo>entiendo, libre>liebre*, and the like– but some revisions are not complete, as when two uses of *praticar* become *platicar* but others remain untouched. More frequent use is made of the barred P for *par/per/pro/pre/pri*. The treatment of consonantal B/V/U and the use of the tilde for abbreviation are as anarchic as earlier. Substantive changes made in the 1516 text are here indicated with a superscript capital letter in small type; the list of these is presented immediately after the text of *Penitencia*.

Comparison of the 1514 and 1516 Texts

The texts are transcribed in their original spelling and spacing, with abbreviations resolved.

1514
[21ᵛ]
Renedo finoya.
Da me señora el castigo que merezco toma esta car=
ta que no quiero mas hablar tan turbado me ha=
llo en verme delante desa gracia que dios a hecho para
mostrar su poderio.[Finoya.]Avn porfia darino:el tie
ne poco conoçimiento mucha osadia çierto el otro dia
[22ʳ] quando le vi ami me cõtento su pratica de cauallero:mas
a vido respeto del fin que lo mueue no puedo tomar con
paciencia sus pensamientos.[Renedo.]Si bien conoçie
ses señora el desseo de darino y el fin de su intençion no lo
desamarias no te pide otra cosa sy no que le scribas:o que le
hagas merçe dedarle liçencia que venga averte en que dessea en
esto cosa que te sea dañosa como hablas con otros no habla
ras con el no escriuiras a el como escriues a tus vasallos
tu gentil conuersacion no puede estar sin conuersar pues con
que cauallero puedes mejor hablar que con darino oluida se
ñora la fortaleza de tu virtud que bien puedes ser virtuosa
avn que pratiques con aquel cauallero y sera mejor tu ala
bança porque tendras mas resistencia quando tengas
mas prueba:no se sabria si es fuerte la ciudad:sy no la com
batiessen y la onestidad delas mugeres:a se deprobar
conel requerimiento delos ombres y pues tu para todo
tienes tanta virtud muestra la conessa afable gracia.

1516
[xxij^v, col. a]
Renedo Finoya.
Dame señora el castigo que me
resco toma esta carta que no quie
ro mas hablar tan turbado me
hallo en verme delante desa gra
cia que dios ha hecho para mostrarsu po=
derio.(Finoya.)Avn porfia Darino.El
tiene poco conoscimiento y mucha osadia
cierto el otro dia quando levi a mi me con
tento su platica de cauallero:mas avido res
peto del fin quele mueue no puedo tomar
con pasciencia sus pensamientos.(Rened
do.)Si bien conoscieses señora el desseo de
darino y el fin de su intencion no le desama
rias note pide otra cosa sinoquele escriuas
O que le hagas merced de darle licencia que
venga averte enque dessea enesto cosa quete
sea dañosa como hablas con otros no ha=
blaras conel no escriuiras a el como escri=
ues a tus vassallos tu gentil conuersacion
no puede estar sin conuersar pues con que
cauallero puedes mejor hablar que con da
rinooluida señora la fortaleza de tu virtud
que bien puedes ser virtuosa avn que pla=
tiques con aquel cauallero y sera mejor tu
alabança por que ternas mas resistencia quan=
do tengas mas prueua:no se sabria si es fu=
erte la ciudad : sino la cobatiessen [sic] y la ho=
nestidad delas mugeres:a se de prouar con
essa afable gracia.

Additional Notes

Urrea's Celestina

We do not know which edition of *Celestina* Urrea read. It had to have appeared before his first *Cancionero* was published in 1513; it contains the *Égloga de Calisto y Melibea*, and, because vv. 108–09 of this play cite "Crato y Galieno, / cada qual médico bueno," it also had to have been available after the change of "Eras e Crato" (Burgos 1499?) to "Crato e Galieno." He might well have used the 1507 Zaragoza edition printed by the German Jorge Coci: it has the change in the physicians' names and should have been easily available in Aragón (see volume II of the critical edition of *Celestina* initiated by Miguel Marciales, n. I.11 on p. 20 and the list of editions on p. vii). Marciales describes Coci's edition as "el primer texto extante de 21 autos en castellano" (I, 223); the only known remaining copy is to be found in the Biblioteca de la Academia de Historia in Madrid.

The humanist who usually assisted Coci —even though he may not have edited or corrected *Celestina*— was Juan Sobrarias, "médico y poeta latino y gran editor de obras latinas" (Marciales II, 224), who spent much of his later life between Zaragoza (where he became professor in the Humanities in 1508) and his native city of Alcañiz, where he died on 22 April 1528. The principal axes of travel in Aragón which one can hypothesize for Urrea and Sobrarias (Trasmoz–Épila and Alcañiz–Zaragoza) do not intersect, but given the interest of each in Latin letters, the possibility of interchange is intriguing (for more on Sobrarias and Coci, see Norton, *Printing in Spain* 73–74).

Penitencia de amor compuesta por don pedro manuel de vrrea.

Finoya. Darino. Renedo. Angls.

About the Original Title Page

The title page was reproduced from microfilm by Mr. Warren Wheeler of Colgate University, by kind permission of the Bibliothèque Nationale in Paris. It has not been retouched; the printing on fol. a i^v is partially visible except at the right edge. The reproduction offered by Foulché-Delbosc in the *Revue Hispanique* does not of course have the Bibliothèque Royale stamp, but neither does it show any traces of print from the verso; these may have been whited out in 1902 (most unlikely the print has leached through in the past eighty-odd years) or he used another copy.

Starting the text on the verso of the title page was "a permissible, and indeed frequent arrangement if a ı was the first leaf of the book" (Norton, *Printing in Spain* 146). What may be somewhat unusual is that Urrea's text ends on a recto page and the verso is left blank (although now the recto print is dimly visible).

The woodcut is the same which Fadrique used in printing the *Comedia de Calisto y Melibea*, where the figures are identified as Lucrecia, Melibea, Calisto, Pármeno and Sempronio. The left-hand figure is superfluous for *Penitencia*, there being no lady-in-waiting for Finoya, only undetermined *donzellas*. The bibliographical details of *Penitencia* are given by Norton on p. 101 of his *Descriptive Catalogue*, entry 271.

PENITENCIA DE AMOR

COMPUESTA POR

DON PEDRO MANUEL

DE VRREA

[1ʳ]
Penitencia de amor
compuesta por don
pedro manuel
de vrrea

[1ᵛ]
Comiença la obra dirigida a la condessa de Aranda su madre.[1]

Prólogo

Ny mi afición puede estar sin screuir, muy egregia[A] y magnífica señora, ni mi obligación sin dirigir a vuestra señoría lo que escriuo. Esta obrezilla, por ser toda su calidad cosa de amores, pareçe que se aparta de la condición y virtud de vuestra señoría; pero porque todo lo que yo hiziere no puede ni deve yr dirigido a otri, embío tanbién esto como lo otro que de mí tiene vuestra señoría. Esta arte de amores está ya muy vsada en esta manera por cartas y por çenas, que dize el Terencio. Y naturalmente es estylo del Terencio lo que hablan en ayuntamiento; mas ésta es cosa quel estylo no se puede quitar ni vedar, pues que las mismas razones no sean. Ya no va nadi a infierno syno por lo que otros an ydo; ninguno puede hazer ni dezir cosa que no paresca a lo dicho y hecho; nadie puede trobar syno por el estylo de otros, porque ya todo lo que es a ssido. Mas apartándome lo más que puedo, y hecho [sic] esta obrezilla, y avnque no conforme con la condición de vuestra señoría, siruo haziendo lo que devo en embiallo. Mírese a mi voluntad, que está en un peso por ygual con la obligación. No [2ʳ] querría que esta obrezilla fuese muy vista, porque de contino estas cosas atraen juyzio, avnque otra cosa no fuesse syno, el escreuir,[2] parece que de muchos es tenido en poco, sin que se mire más. Sino que el tal trabajo no se a de tomar syno para las cosas que conuienen en negocios prouechosos; quanto más que esto es de tan baxa calidad, que puede ser con razón reprendido; porque ay muchos que, avnq*ue* no sepan ordenar, saben sentir, y por esto no debría hombre escreuir nada, ni procurar trabajosa vanagloria de la pluma, pues ay otras cosas en q*ue* más cauallerosamente se puede exercitar el ente*n*dimiento co*n* otros passatie*m*pos seguros de repre*n*siones.³ Ya esto, pues está hecho, vaya adonde es razón, y no se mire a lo que la obra dize, syno el^B fin que lieva, que es seruir a v*ues*tra señoría, cuya vida guarde Dios por largos tiempos.

Argumento

Hubo vn cauallero llamado Darino, hijo d*e* Galmano y d*e* Volisa, el qual andando vn día solo a cauallo, passeando llegó a vn castillo y casa fuerte en muy gentil asentamiento puesto. Vio a la ventana a Fynoya, muy ge*n*til dama, hija de Nertano y de Solona, do*n*de con mucho co*n*tentamie*n*to y turbació*n* llegó a hablar co*n* ella. Y acabadas sus razones, partióse della muy catiuado⁴ de su amor, y sin reposo boluiendo a su posada procuró co*n* dos criados de los suyos de quien él más fiaua (al vno llamauan Renedo y al otro Angis) para q*ue* con todas sus fuerças y mañas hiziessen que Finoya recebiesse vna carta de Darino. Fue tal la diligencia y astucia de sus criados, que alca*n*çó Darino al principio reçebir car[2ᵛ]tas de Finoya y al cabo gozar de su persona.⁵ Y avnq*ue* las cosas que algún tiempo duran de contino son sabidas y descubiertas, esto en breue tiempo fue sabido; por do*n*de Nertano, padre de Finoya, sabie*n*do esto, aguardó a Darino y tomóle la segunda vez que entró en su casa; halló a los dos juntos tomando sus retraydos deleytes. El qual metió en vna torre a Finoya con sus do*n*zellas, y en otra a Darino con sus criados. Y todos hyziero*n* penite*n*cia allí en aquellas torres hasta el cabo de sus días.

Darino, Finoya

Qua*n*do yo llegué a esta fortaleza, avnque en gentil asentamiento puesta, cierto yo pensé, Finoya, que aquí se hazía vida de encantamiento, como personas encantadas lexos de la co*n*uersació*n* de ge*n*tileza, y agora hallo quel encantamie*n*to es para mi sola persona. Viendo la gracia y hermosura de tu ge*n*til magestad de muger acompañada de discreción y cordura, mis palabras van sin lisonja y mi conoscimie*n*to sin engaño; sin duda eres tú aquélla en quie*n* Dios puso perfeción, que humanamente no se puede tener syno puesta ya por la diuinidad entre la gente⁶ para perdimiento della. No sé quál me fuera mejor, perder el camino y no llegar donde estoy, o venir adonde pierda a mí mismo. Sy no viniera, penara como alma condenada que [3ʳ] sin aver visto la trinidad de Dios bive con tormento; agora, aviéndote visto, penaré como aquéllos que cayeron de la gloria del cielo, que por averla visto sienten mayor detrimento. Y el mayor daño que yo hallo en esto, es que mi dolencia estará syn remedio, y mi persona sin sepoltura, mi lloro sin aconuerto, mi desmayo sin consolación.⁷ Mas mirando de donde proceden y naçen mis congoxas, yo terné por más bienaventurança el justo peligro que la indeuida seguridad.

Finoya Tus lisongeras razones, Darino, son de hombre cortesano, que se precian por sí mismos burlar de nosotras para después tener qué contar. Pues no pienses poner lazos comigo, pues lo entiendo; que mi condición no será tan libiana, que, pues mi sentido lo siente, mi pensamiento no lo guarde, y desuíe la secreta burla que tienes guardada y escondida en las aforradas palabras de tus dudosas razones.⁸

Darino No creo yo, señora, que te tengas en tan poco, que no veas que ay en ti razón para ser loada, ni yo me desestimo tanto que no aya en mí conoçimiento para loar; mas como tu gracia está acompañiada [sic] de discreción, está como fortaleza sin padrastro, que no ay por donde ponerle sitio. No tengas a marauilla, señora, que en tan poco tiempo me tengas por tan tuyo; que las cosas de amor siempre son desta manera. Como es cosa de herida, luego puede matar, quanto más donde se tira con tanta razón, que es lo que haze las heridas mayores; el contentamiento es lo que hiere, y el pensamiento lo que no dexa sanar. No tengas mis palabras por fingidas, que de oy adelante mi gesto será testigo de mi lengua; todo lo que digo con amor probaré con desuentura. Ya está tan turbado mi [3ᵛ] sentimiento, que los ojos tienen enmudeçida la lengua; que estando aquí, más fuerça tiene mi vista que mi palabra.

Finoya Todos los hombres tenéys por costumbre, siempre que con nosotras habláys, loarnos más de lo que mereçemos, porque nos tenéys en tan poco, que pensáys que algunas, de libianas, creen vuestras burlas y palabras, que son lazos donde caen las que no están dotadas de buen seso. Yo tengo, Darino, por tan fingidas razones las tuyas, que por ser cosa que no sale del coraçón, ni es cosa pensada ni asentada, syno que passa como de buelo por tu pensamiento. Y por esto çufro tus razones, que, avnque sean en alabança mía, no me dan descanso; porque sería liuiandad que yo de tal cosa holgasse, porque algunas vezes deso vienen cosas quel alegría del contentamiento es tristura de la honrra.

Darino ¡O muger ta*n* sabia quanto gentil, tan discreta quanto virtuosa! No pienses que yo podría creer que donde ay tanto saber y cordura, linaje y virtud y criança, pudiesse aber cosa que de nadi fuesse juzgada, porque tú no la harías, ni se hallaría quie*n* mal te quisiesse para que te juzgasse.

Finoya Avnquel principio de tu desseo, como tú dizes, naçe de bien mío, pues que el fin es contra mí, no me deue contentar tu manera, porque de todas las cosas se a de mirar el fin. No andes más burlando comigo; habla de otro. No me pongas en vanagloria, que por ay no me derribarás de mi seso.

Darino El catiuo mal piensa en catiuar; mi presión sin rescate y la libertad co*n* catiuerio, ¿qué fuerça será la mía?

Finoya Dexa la conuersación, q*ue* porque no me tengas por mal criada te tengo juego, q*ue* otramente ya te ouiera despedido.

Darino Despe[4r]dido yo lo soy harto desperança y de salud, de remedio, y de todo aq*ue*llo q*ue* podría venir en contentamie*n*to.

Finoya No sean tus razones largas, porq*ue* a mí con caualleros no me conte*n*tan muchas palabras, que, avnque dello no abrá juyzio, por mi propia co*n*dició*n* no puedo hablar más contigo, porq*ue* tus desseos son contra mí, y tu volu*n*tad es enemiga de mi virtud. Y vete co*n* tu cauallo hazie*n*do ge*n*tilezas; yo yré con mis mugeres.

Darino Para ser esso, hauía de hauer más desca*n*so y alegría, mas por obedeçer tu ma*n*dado voyme a parte q*ue* llegue*n* presto tristes nueuas de mí do*n*de no abrá a quie*n* haga ma*n*zilla mi perdimie*n*to.

Darino solo

¡O verdadero Dios!, yo como cristiano tuyo, criado y redemido por tu propia sangre y persona, no quiero encomendarme a las poéticas fictiones, syno a tu deydad, que remedie lo que yo no puedo, que encamine mis passos q*ue* van sin camino, q*ue* guje mi inte*n*ción que está dañada co*n*tra mí y co*n*tra ty, que es lo que yo más siento. Haz, Señor, de manera q*ue* si para comigo pierdo la vida, para co*n*tigo no pierda el alma. Yo conozco tu trinidad, yo adoro tu persona, yo guardo tus mandamie*n*tos. Si yo e vsado mal del franco aluidrío, tú, Señor, sueles vsar de perdón como de castigo. Tú me diste apetito para q*ue* deseasse, y razó*n* para q*ue* me defendiesse, para dessear volu*n*tad, y para apartarme conozcimiento. Tú, Señor, no quieres syno obediencia y tu yglesia, siempre que ymos conoçiendo nuestros yerros, alcançamos perdones. Yo vengo agora turbado, con el entendimiento apartado de la razón, viendo que te e ofendido, conoçiendo mi yerro, y desseando mi emienda; [4v] con toda la deuoçión que puedo y deuo te ruego que perdones mi intención y encamines mi voluntad. Y según yo, Señor, veo, porque tú no nos ayudas sin que nos ayudemos, pues yo no puedo ayudarme, mal podrá ser lo que digo, porque lo que tú hazes a de venir con causa, y nuestro bien o mal, avnque naçe de tu voluntad, ase de mouer por nuestros pecados o seruicios. Tu justicia y misericordia saque a mí, pecador, desta honda desuentura que yo solo me e puesto; y si yo para ello no puedo amañarme, en ti, Señor, está puesta mi esperança: no me dexes llegar al postrero fin que es la desesperaçión.9

Darino, Renedo, Angis

Las cosas que contra la voluntad vienen, muerte se pueden llamar. La vida no por otra cosa es vida syno porque se dessea viuir; mejor fuera que dé para mi alma^c este cuerpo triste que de contino tener la muerte, porque la muerte que viene natural passa luego, y ésta mía voluntaria siempre dura. Bien dize Petrarcha quel morir es vn salir de presión, y que no es triste syno para los que tienen puestos los vanos cuydados en el lodo deste mundo. ¡O qué fuerte cuydado el myo, pues me tiene lleno de pensamientos y vazío desperança!

Renedo En tus palabras, señor, conosco tu intención. No puede ser otra cosa syno dolencia enamorada; he visto ser tu congoxa presión de desseo en que eres tú tal cauallero. Pocas cosas puede hauer que no vengan tan presto al efeto como a la voluntad; mas este triste de Amor es nuestro rey, no ay sobre él otro ninguno; somos sus vasallos, con nosotros todo lo que quiere hazer haze. Pero ven[5r]ga el tiempo, que es el que guía todo, a quien todos aguardan para conformarse con él, que tú verás que para esso tanto y mejor que para las otras cosas hallarás en mí diligencia y fidelidad, y sobre todo lo que es más necessario, que es vna poca desdicha y ventura en esto más que en otro, que algunas vezes viene por la diligencia la suerte, quando se sabe procurar.

Angis Puede ser falsa essa razón, que muchas vezes vemos personas diligentes y nunca vienen sus tratos a buenos fines.

Darino Los dos tenéys razón: mas ase de mirar que haga hombre lo que deue, y piérdasse por la ventura y no por la negligencia. Lo que yo trayo comigo es la passión que Renedo me conoçió, avnque en el grado que me hyere es cosa que nadi lo puede pensar.

8
El remedio es impossible, mi tormento para siempre; por más cierta tengo la tardança de mi aconuerto quel remedio de mi salud.

Renedo A todas las cosas que Dios crió, dio a cada qual su propiedad: a la piedra, que caya hasta lo ondo del centro; al huego, que todo lo que en él se ponga se consuma; y al hombre, que con la discreción conosca y se aparte de lo dañyoso, y que no le vengan las cosas syno por su culpa, porque se quexe de sí mesmo y no de Dios. Pues tú, señor, tan sabio, esforçado, discreto, y virtuoso cauallero, no desesperes ni muestres tan poco ánimo, que pierda tu grande coraçón la confiança, porque en estos casos de amores muchas vezes vemos cosas que son tan grandes, que luego quando se dizen no se creen.

Angis Tres cosas tienes, señor, para que deues estar alegre: lo primero, que por tu persona mereçes tanto y más de lo que desseas; lo segundo, que los casos de mugeres son quales tú sa[5ᵛ]bes; lo tercero, que tienes seruidores diligentes para procurar el fin de tu desseo.

Darino Poco aprouechan las fuerças ni las mañas para alcançar lo impossible: la fortaleza que no se puede minar mala es de combatir; la torre que no eschuçaᴅ partido no está en grande aprieto;10 quanto más lo que yo quiero, que es tan dudoso como medir el çielo a palmos.

Renedo No puede aver en ninguna cosa fin sin que primero tenga principio; muchas cosas vemos al principio muy graues y fuertes, y al fin muy dulces y blandas. Y en estos casos de amores como tú, señor, mejor sabes, que as leydo más que yo,11 y de tu propio ingenio eres más biuo, por el linaje, que siempre la mayor sangre haze más biuo el ingenio, avnque algunos de baxa manera en cosas de bellaquería pueden ser más despiertos. Mas tornando al caso, para en esto conuienen diligencias y mañas, que, como dize Ouidio, por arte de los remos y velas van las fustas por la mar, por arte son ligeros los carros y carretas, y por arte se a de regir el amor; que, por muy graue que sea, verná a la razón: el cauallo rezia cosa es quando va corriendo, mas con el freno lo detienen. Dime tú, señor, la dama que te tiene agenado, que no es éste el primer caso ni será el postrero que a ssido acaeçido y remediado.12

Angis Bien me pareçe, señor, que salen de verdadero conoçimiento y amor las palabras de Renedo. Lo que yo sobre esto digo, es que me pareçe que digas quién es aquélla que tú tienes por señora, y que le escribas vna carta; que vno de nosotros se pondrá en qualquier peligro por hazer tu mandado, procurando todo el descanso. Que somos obliga[6r]dos, y si en obligación no estuuiésemos, por tu mereçimiento, siendo ajenos, nos haríamos propios para seruirte.

Darino Siempre he yo conoçido en vosotros muchos seruicios sin que yo os e mandado hazer, que estos son los que más se agradeçen, y por esto doy por bien empleados los dineros que por vosotros e gastado; mas como este caso sea tan dificultoso, por más çierto ternía el peligro de vuestras personas quel contentamiento de mi voluntad. Mas porque de contino huelga hombre de hablar de lo que le duele, que otramente reuentaría, me plaze deziros la manera de mi mal. Ayer quando vosotros os boluistes, que os mandé yo boluer, por ser la tierra muy buena,[13] me pareçió que con la soledad se gustaría mejor el deleyte; y andando mi camino, llegué a vn castillo y casa fuerte, donde vi vna dama tan perfeta en todas las cosas que no puedo quitar del coraçón la vista de los ojos. Llámase Finoya, hija de Nertano; ame dexado dos cosas: alegría por conoçella y tristura por no alcançalla, y esto tengo por tan çierto quanto no aver otra como ella.

Renedo Tu conoçimiento, señor, es tan bueno, que ninguno puede dar culpa a lo que a traydo pena; mas como sea la primera cosa que se a de procurar tomar conoçimiento en la casa donde hombre quiere bien, assí como tú tienes voluntad a la señora, que nosotros la tengamos a las seruidoras,[14] porque la entrada esté aparejada, que después verná a estar desseosa. No desesperes, ten confiança, que tu ventura y mi diligencia bien podrán bastar para la flaqueza de vna muger, que sabe hombre si a quidado [sic] [6v] ella tan contenta de ti como tú della, pues que ay razón para ello. Mal conoçes las mugeres; no digo a todas, pero la mayor parte. Dize el Philósopho que la muger es hombre imperfeto, por donde pueden hazer ante vn yerro que nosotros. Mi pareçer es que me des vna carta y tentemos qué tan hondo está este vado.

Angis Buen seso y consejo es probar y buscar maneras; que las cosas no se vienen ellas, que hombre las va a buscar.

Darino Toma esta carta que des a mi señora Finoya, la qual te doy temblando, como vees, que tengo temor del enojo que ella a de recebir. No te quiero dezir otro, pues que conozco que tú bastas, como libre y ajeno de passión, para pensar la forma que se a de leuar en esta tan grande empresa. Dios te guíe esta vez de manera que otras muchas vayas donde creo que tu buelta será con trabajo, causado por el enojo que dexarás donde yo quedé.

Renedo Esfuerça, señor, con el coraçón de cauallero, que esto podrá ser que venga tanto a honrra y contentamiento tuyo, que tengas entonces tanto descanso quanto agora tienes tormento.

Darino Llébale este poco oro labrado con este rótulo y letra, y dyle que lo pido por mucha merçed que reçiba esa poca cantidad, y que mire que le tengo más que eso dado, pues que el alma, del día que la conoçy, me tyene robada para siempre.

> Embya Darino a Finoya los quatro evangelistas,
> y dize la letra:
> La verdad quellos dixieron
> en la trinidad de Dios,
> digo yo en loar a vos.15

[7ʳ]
Carta de Darino a Finoya
No mereçe mi atreuimiento pena, pues naçe de alabança tuya. Si a mí me das culpa, a ty mesma te condenas; por tu causa biuo penado, de tu hermosura naçe mi trabajo.16 Estas palabras que digo son tan trabajosas quanto verdaderas; no tengo sperança que as de remediarme, porque sería tan gran locura como dicha el averte cognoscido. No debría hablarte largo, porque mis razones te son enojosas, mas como sea cosa que no esté en mi poder, no puede la razón tomar la mano, que escriue con el desseo, que a despedido la vida de esperar ningunos plazeres, porque los pesares y enojos an entrado y se an alçado con la fortaleza de mi coraçón, donde defienden a todas las cosas syno a lo que de tu gentil hermosura y gracia me viene. Yo mismo me soy contrario: todo se a reuelado contra mí. ¡O qué bienaventurança mía sería si yo supiese que tú reçibes esta carta mía, avnque no fuesse para leerla, siquiera para rasgarla solamente fuesse tomada en tus gentiles manos! No puedo creerlo, porque tengo conoçido tu desconoscimiento: no merezco ninguna cosa syno por el amor que te tengo, y éste ningún pago me dará, porque como él sea cosa tan grande que no se puede pagar syno con lo mismo, y pues en ti no lo puede hauer, mal lo puedo yo esperar. Reçibe, señora mía, esta carta, porque veas que aquél que es enteramente tuyo tiene tan poca vida, que cree que ante que llegue esta carta donde está tu gentil persona avrá ya dexado mi alma al cuerpo, si el alegría de ver que te escribo no alarga la poca vida hasta ver la enojosa respuesta de tu crueldad.17

Renedo, Finoya
Bien tengo conoçido, señora, que acometo grande osadía en venir delante de tu hermosura con mensajería enojosa para tu condición, pero porque sé que, assí como tienes enojo de presunción, tienes también amor de vanidad,[E] porque en las personas de linaje está la menor presunción que los de poca manera se honrran con las fantasías;[18] y por esto trayo atreuimiento de llegar donde tu acabada perfeción está. Mas ¿cómo te podré dezir el secreto mandamiento que de quien me embía trayo? Soy obligado, pues lo e emprendido; perdona mi yerro, pues yo mismo lo conozco. Darino es mi señor y tu vasallo; ame mandado venga con esta carta, y aguarde sazón que ninguno viesse ni supiesse lo que guarda en su coraçón y lo que embía en esta carta. Tan temblando estaua quando me la dio como yo agora que la trayo; todo es vna misma congoxa, porque tan presente está él como yo, según el desseo que de seruirte tiene. Çufre, señora, con tu noble sangre, la presunción de los dos: dél enojar [sic][F] escreuir, y de mí en querer traer; y si tú mandares dar pago de nuestro acometimiento, manda hazer de mí lo que tu seruicio fuere, y si públicamente lo hizieres, será contentamiento y honrra mía, y si secreto, será sólo descanso.[19] Ya trayo aconuerto de muerte: en la hora que acordé venir aquí, dexé todo quanto tenía sin esperança, dando por bien empleado todo quanto viniere por causa tuya. Recibe este poco oro labrado que te embía.

Finoya Tus palabras son tan ajenas de mi condición, y tú tan dino de toda pena, que no sé cómo tengo çufrimiento para dexarte acabar de hablar; mas como no puedo[G] entender lo que dezías por ser cosa [8r] no conoçida para mí, y[H] tenido paciencia en tu desuenturado razonamiento. Agora que comprendo tus falsos y traydores dichos, porque tengo de mirar más a mi honrra que a tu desuergonçamiento, no quiero darte el castigo que mereçes porque no se hable de cosa tan ceuil; pero vete luego de donde yo no pueda ver[20] tu traydora persona contra mi honrra. Y la respuesta de la neçia y atreuida carta será que si más prueba tu amo Darino cosa que piensse (lo que yo no pienso), entonces pagaréys en juntado lo que agora avéys mereçido; Y la carta, rasgadla vos delante de mí, porque ni ella mereçe que yo la reçiba, ni que buelua allá; y sea escarmiento el perdón que os doy, para que no bolváys más a cosas libianas naçidas de necia presunción y de loco pensamiento, y bolved el oro, que ni a él reçibo, ni la voluntad agradezco.

Renedo La carta rasgo por hazer tu mandado, y en lo demás serás obedeçida. No sé lo que diga syno callando obedeçer; más quisiera que me mandaras matar con cuchillo que con tus palabras, de tal manera por mí temidas que podrá ser no llegar biuo donde mi amo Darino me espera.

Renedo, Darino, Angis
Cierto conozco ser mayor cosa el coraçón que la lengua; no puede[l] dezir lo que trayo. Quando de aquí partí, pensé que fuera mayor el peligro quel trabajo, y e visto que ha sido mayor la turbación que la desuentura.

Darino Acaba de dezir la triste nueva que traes.

Renedo Yo, señor, llegué delante de aquélla que me a mandado no buelua más allá. Habléle de manera que no se enojó, porque mi obediencia fuesse mal reçitada;[21] mas como ella es tan cuerda y virtuosa, ame puesto tanto temor que con dificultad bolueria allá syno que tu mandado me costriñyesse. Mandóme rasgar la carta diziendo que ni ella la quería ver ni que tú la [8ᵛ] vieses; y no a querido el oro que le embiaste. No trayo della sino amenazas para si más allá bueluo, y enojo por lo que he leuado. Mira lo que mandas.

Angis No deuemos espantarnos, porque naturalmente las mugeres están muy aparejadas ha [sic] mudança. Avnque sea tan virtuosa, no a de tomar enojo en ser seruida. Verdad es que es mayor atreuimiento escreuirle que hablarle, pero esto cáusalo su ençerramiento, que no se puede ver. En estas cosas, señor, avnque tú seas más sabio, no hablaremos nosotros peor, porque estamos libres de passión, y tú con el turbamiento podrías errar; porque verdadero dicho es que el amor y la yra turban la razón. Mi pareçer sería que no dexemos de prouar, tornando a escreuir, porque es mejor que te tenga ella por atrebido que por no osado. Con todo, háblese[j] con tu consejo; no se determine presto, porque en el consejar se deue tardar y en el secutar aquexar.

Darino Dizen quel oyr es puerta del entendimiento. Yo querría praticar con vosotros, para que determine esto, que yo tengo poca edad y mucha passión; vosotros soys de más tiempo y esperiencia. Quiero seguir lo que dize Aristóteles, que la palabra y dotrina de los viejos deue ser ley a los moços; y avnque vosotros no tengáys tanta edad que os pueda llamar viejos, pero soys de más prueua que yo, según en el consejo de mi padre con vosotros he visto.

Renedo Avnque yo soy el que se a visto en la afrenta, no estaré escarmentado si cosa de tu seruicio fuere boluer allá.

Darino Obligado eres a no quebrar mi mandado. Adám no pecó porque comió la maçana,[22] que el fruto dulce era, mas pecó porque quebró el mandamie*n*to de Dios. Tú errarías en no hazer lo que yo digo, por lo q*ue* tú como [9ʳ] cuerdo sabes. Si yo acuerdo escreuir más a Finoya, mejor es que vayas tú que otro, porque no vea ella que ta*n*tos lo saben y que de tantos me fío. Entre nosotros tres aberigüemos esto, porque el consejo de muchos es mejor; que como la fuerça es más fuerte estando junta más que estando apartada, vna caña sola presto la quebrarán, mas muchas juntas malas son de quebrar. Yo solo en esto presto podría ser engañyado, pero juntado con vuestro pareçer más acertamiento lleuará mi consejo.

Renedo Dize Séneca que del ayrado nos apartemos por poco tiempo, y del enemigo por largo; mas la yra de Finoya, no ay tiempo que la quite. Quiçá co*n* el enojo no me castigasse como merezco, que dize*n* que la yra, queriendo hazer peligro no teme peligro; pero sea lo que fuere, bien se emplearía mi muerte. Escriue otra carta, q*ue*, avnq*ue* dize*n* que es neçio el que buelue al peligro donde escapó, yo bolueré con entera volu*n*tad. Escriue por entero tu passión.

Darino Dizen que el juyzio a de ser balança y peso en las cosas q*ue* en él se trata*n*; determinemos aquí lo justo y póngase por obra, que no me puede venir más mal del q*ue* agora te*n*go.

Angis No se vençe peligro sin peligro. Ya sabes q*ue* dizen q*ue* el q*ue* teme los peligros no goza de las victorias; no se haze nada sin auenturar. No hazes tú, señor, lo que otros caualleros no an hecho: seruir vna dama ge*n*til y procurar cómo mejor seruirla. Si teniemosᴷ desastres, mayor daño es nuestro temor que lo que puede venir. Tú quedas obligado a que ella sepa cómo tú sabes su enojo y desculparte, y esto será color para tornar a escreuir. No paremos, que avnque ella misma a ti dixera y monstrara grande enojo, no por esso dexar la empre[9ᵛ]sa; que las mugeres de contino al principio son fuertes. Y las virtuosas ta*n*bién lo son al fin, como yo creo q*ue* lo es y será Finoya; mas las muy hermosas más presto tropieçan, porque se ponen en avine*n*tezas por ser loadas y vistas. No le pesará a ella que la veas y le hables y la siruas, que por algo se peyna; no se toca con espejo syno porque, después que a contentado a ssí misma, contente a todos, y si sabe que eres su seruidor, más querrá contentar a ti que a otro. Muchos secretos ay en las mugeres; muchos daños an causado. Mira la primera muger Eua, en qué puso el mundo; mira a Caua, que por ella se perdió Espanya; pues mira a Helena, q*ue* por ella se destruyó Troya. Y avnque de cosas tan gruessas no aya muchos exemplos, muchos otros casos acaeçen por ser las mugeres ocasion dellos. No desmaye tu coraçon varonil, que naturalmente son las mugeres flacas: no tienen el seso ta*n* raygado como los varones; presto hazen vn yerro y presto lo sabe*n* remediar. Tú en todo estás dudoso; siempre duda ombre lo que dessea, y otras veces se teme lo que no viene. Tú con el amor tienes por impossible alcançar lo que por ventura no sería mucho. Gran cosa es el querer; el amor no conoçe señor. Mas no veo en ti cosa para que qualquiere dama no gualardone tus seruicios. No ay en cosa que se deua tener tanta confiança como en los amores, porque en esto vemos acaeçer más cosas que en otra cosa.

 Darino Bien dize Séneca que la prissa es tardança en el desseo: yo estoy ta*n* desseoso de boluer a escriuir a Finoya, que me pareçe por vna parte que tardo y por otro [sic] q*ue* no debría escreuir; y al cabo acuerdo perderme por osar, pues q*ue* dizen q*ue* la fortuna ayuda a los osa[10r]dos.

 Renedo No es esto cosa q*ue* a menester mucho co*n*sejo.

 Darino Toma, Renedo, esta carta, y liéuala a mi señora Finoya; y lo q*ue* as de dezir no lo puedes lleuar pe*n*sado porq*ue* no te aproucharía, q*ue* co*n* el enojo de tu mal recebimie*n*to oluidarías las pensadas razones. Yo fío en ti q*ue* sabrás satisfazer a todo. Y avnq*ue* vas peligroso no me dexas seguro. O yo sabré luego tu muerte, o tú la mía. No te desmayen mis palabras d*e* poco coraçó*n*, q*ue* creo q*ue*, como lo tiene Finoya quedo yo sin osadía. Dios te guje, pues q*ue* tú no mereçes pena ni tienes culpa: yo soy el q*ue* espero te*m*prana sepoltura. Y dale este oro labrado, suplicándole lo reçiba.

   Embía Darino a Finoya vna sepoltura,
   y el muerto y [sic] defuera della;
   y dize la letra:
   Finó ya la triste vida,
   Y el cuerpo no está enterrado
   Por morir desesperado.

Carta de Darino a Finoya

My perdición es llegada, pues q*ue* me es dañoso lo q*ue* más me co*n*uiene; pues que mi carta no a de ser leyda, en valde va mi trabajo. No hallo ninguna razón para q*ue* vses d*e* ta*n*ta cruelda*d* comigo, pues todo mi desseo y mi dezir naçe y redunda en quererte y seruirte. Como el querer fue cosa que estuvo en mi mano, luego estuvo comigo el seruirte; como no puede venir sin tu voluntad, avn no lo tengo. Mira, señora, que no te pido nada, avnque te e dado tanto. Reçibe mi voluntad, y si piensas que es malo el reçebir porque se a de pagar con dádiua, engaño tienes, porque lo que yo te e dado, avnque tú [10ᵛ] no lo tengas, lo as tomado, pues que yo no lo tengo. El pago desto a sido tu mereçimiento, de suerte que yo quedo con poco seruicio y mucho gualardón, pues es más el averte conoçido que todo mi perdimiento. Mis cartas no son otra cosa syno suplicarte sepas lo que yo te quiero y mandes se muestre con la obra, que mi pensamiento no tiene otro cuydado syno ver que mis plazeres te son enojos. Yo descanso en seruirte, tú penas en que te siruo; yo me alegro en conoçerte, tú no me conoçes. ¡O triste naçimiento el mío avnque alegre muerte me a dado! Todo estoy lleno de contrarios; lo que pareçe bien me es mal, y lo malo bueno. No sé qué manera siga, no aprouecha prouar al que es desdichado. En todas cosas hallo desorden; nada viene que convenga. Los ojos están alegres que te an visto, y el pensamiento fatigado, porque entre él y la razón ay dudas que me hazen cierto el fin de mi triste vida. No tengo mayor enemigo que yo mismo; soy tan desuenturado que avn la muerte no me quiere. ¿Qué esperanza será la mía? Tanto mudamiento he hecho en mi persona, que no me conoçen los que me conoçían.²³ ¿Qué aprouecha ser grandes mis suspiros, pues que tú no los oyes? No quiero contentar syno a ti, y por ti sola estoy descontento. ¿Qué crueldad es la tuya, que sea tan grande tu desamor como mi tormento? Pues tú sola eres la causa, ¿por qué a de ser tan grande tu olvido como mi memoria, en que no piensas en mí? ¿No vees la razón que tengo? No me quiero desculpar, pues no tengo culpa; pues eres sabida y hermosa, assí como con la hermosura causas mi daño, con el saber deues conoçer que tanpoco lo merezco. Acauen ya mis razones, que a ti dan enojo y a mí no prouecho. Todo lo que tú hazes a de ser loado: dul[11ʳ]ce muerte es la que de tu mano me viene, duéleme el dolor que tu beldad me da por ser secreto, que assí como tú no sabes que lo causas, tanpoco quiero yo que sepan que lo tengo.

Renedo, Finoya

Pues que tú me condenaste, tú, quiero que me castigues. Yo vengo, señora, aconortado de la dichosa muerte que de tu crueldad me a de ser dada. Yo lleué la dolorosa respuesta tuya a Darino, el qual me dixo que le costaba más a mi señora responder por papel que por palabra. Él queda tan muerto, que no lo puedes más condenar; el temor de tus amenazas le fue consuelo, porque si tú quieres acabar de perderlo, esso es lo que él dessea.

16

Finoya Muchas vezes a los atreuimientos se suelen dar passadas y dissimulaciones, mayormente a los que son desta calidad, que si se muestra sentimiento, no viene a efeto de onrra; por esto, Renedo, no mando darte vn castigo que nunca de tu pensamiento se quitasse. Yo tengo tanto fastío de la presunción de Darino, que o él no cree lo que tú le dixiste, o tiene perdido el seso; y creo que deuen ser estas dos cosas. Mas yo acuerdo escreuirle de manera que él abrá por bien callar en su loco acometimiento; y dile tú que no va mi carta para aconsolarlo, y avnque en las palabras lo verá, en ser mía le hago tanta merçed, que e miedo se ensoberuezca para que ose boluer a escreuirme. Quítale tal engaño de la fantasía, que costaría tan caro que pagaría con quanto tiene.

Renedo Ya los sospiros me tienen enmudeçido; no me cabe el coraçón en su lugar. Perdóname, señora, y dame tu noble carta. Y reçibe esta inuención que te imbía, que yo le diré lo que tú mandas. Si tus propias razones no le mandan callar, mal podrá ninguno; [11ᵛ] tu sola fuerça lo tiene vençido, a nadi dessea obedeçer syno a ti. Tú eres su señoría, tú lo puedes costreñyrᴸ a todo mandar y desmandar; en tu presión viue, tú tienes la llaue de su libertad.

Finoya ¡Mira a quánta[sic] me abaxo: a escriuir a vn ombre que dessea mi desonrra! Agolo porque tanbién escriue ombre a su enemigo; todas las razones que aquí van, di que no lea syno para temerlas, y sin ninguna liuiandad piense sobre ello. Y vete luego delante de mí, que me das tanto enojo como en mi carta lieuas. No te vea yo más porque tú no veas el fin de la jornada de tu triste vida. Y muestra la inuención, que en la misma cantidad le embiaré otra cosa.

   Embía Finoya a Darino vna vihuela sin cuerdas,
      y dyze la letra:
   No tienes más esperança
   De alcançar lo que concuerdas,
   Que ésa de tañer syn cuerdas.

Respuesta de Finoya a Darino

¿Qué pensamiento es el que tienes, qué enpresa la que lieuas? ¿Tu suzio entendimiento a de yr contra mi limpia persona? No agradescas el trabajo de escriuirte, ni mires a la merçed que reçibes en tener carta mía, mas si tu bien tienes desseado, quita de tu opinión tan falsa cosa como esperar que de mí recibas respuesta syno con tanta yra como tu osadía mereçe. Ésta quiero que sea la primera y postrera carta que de mí as de tener; y ésta en siendo leyda rasga, porque no va para más de que sepas por mí que tu loca empresa no puede tener descansado fin. Y oluida el embiarme a dezir las escusadas razones y los requiebros que de tu loco consejo y gran liuiandad salen; sy no, yo te doy mi palabra tú quedes dello tan burlado, que ni sobre este caso ni otro ninguno no aya acaeçido cosa [12ʳ] semejante a ésta. Y del enojo que tengo, no puedo mostrarlo por papel como viéndome se conoce, y cree que avnque tú no mereçes darte avís, que te bueluo otra vez a dezir que retrayas el mal principio, porque sin duda te daría mal fin.

Renedo, Darino, Angis
Si el reçebir carta de Finoya a de ser bienauenturança tuya, ya eres bienauenturado. Cata quí, señor, respuesta de tu carta escripta de la propia mano de Finoya. Viene tan rigurosa, según ella me a dicho, que viene más scripta con huego que con tinta.

Darino No tengo yo de mirar a otra cosa syno a ser cosa que viene de aquélla que yo tanto quiero. Ésta[24] es mi vida, ésta es la salud de mi dolencia, la melezina de mi mal, el reparo de mi perdición, la consolación de mi desconsuelo; por ésta se alarga el viuir y se van acortando y quitando los dolorosos cuydados de mi pensamiento. Yo te beso, carta, que traes razones pensadas del gentil entendimiento de aquélla que no tiene comparación. ¡O palabras escriptas por aquella mano blanca y delicada! ¡O papel guardado en aquella arquilla donde tiene aquella dama el espejo y atauíos sin los quales ella puede pareçer dondequiera, y ninguna delante della! ¡O cómo huele a los suaues perfumes de quien la embía! Asta aquí tenía perdida la ventura, y agora el seso robado por el alegría del dichoso escreuir mío que a alcançado vna cosa tan grande como aver respuesta; avnque enojosa, es para mí tan alegre, que me a dado a ganar quanto la desesperación me dio a perder.

Renedo Avnque vengo espantado de lo que e oydo, no tengo del todo perdida la confiança que porfiando no se alcancasse [sic] otra y otras cartas; que yo sé qué cosa son mugeres, que avnque sean cuerdas y virtuosas, de contino les agrada la conuersación y las [12ᵛ] alabanças, de donde naçen avinentezas, y de las avinentezas los yerros. Esto alcanço yo por prática y por teórica.

Angis Séneca dize que la loçanía y el loor no pueden tener concordia. ¿Quién duda que la hermosura de Finoya no se huelgue con que la loen? Pues, que crea ella ser lisonja. No creo yo tal, porque, ¡mal pecado!, todas o las más creen de ligero, y en nada quiero culpar a ellas, pues que tanbién en nosotros ay lo que en ellas vemos, avnque Séneca dize que en el mal consejo saben más las mugeres que los ombres. No pierdas, señor, la confiança; gentil cauallero eres, no pongas duda en ser querido. No te tengas en poco, que yo por çierto tengo que as de recebir cartas de tanto amor como ésta de dolor.

Darino Los ombres de gran coraçón, más huelgan con la muerte que con la triste vida. No ay muerte tan fuerte para mí como ver enojada a aquélla a quien yo no querría enojar; más descanso me sería la muerte que la vida. Y cierto bien dizen que muchas vezes la vida es peor que la muerte, que por pena de algún caso no dan sentencia de muerte y ponen en cárçel perpetua, que querría el tal más morir; quanto más yo, que mi perpetua cárçel es tal que, cabe ella, todas las otras son casas de deleyte.

Renedo Como tú, señor, sabes, en estos casos de amores vemos acaeçer ya cosas tan comunes y públicas, que ya no se estima nada, ni avn procuran que sea tan secreto como en otro tiempo hazían. Ay muchas que con ombres ciuiles toman sus retraydos deleytes; quánto más con principales. Algunos caualleros ay que hazen los seruicios con justas y juegos de cañas, correr toros y hazer músicas, porque les sean más en cargo, que el querer con las obras se a de mostrar. Y avn con esto de la música se alcançan algunas, como Orfeo, que contentó tanto con su dulçe música a Plutón, el rey [13ʳ] de los infiernos, que le dio a Eurídice, su muger, que tenía allí. Pero yo soy de pareçer que curemos nosotros tanto de apretar a Finoya con cartas como con otras gentilezas, porque los requiebros, tanbién piensan ellas que los hazemos por ser loados, y que si juegas a cañas, que es porque digan que eres buen cauallero. No por las cartas a de parar esto, mas lo vno y lo otro juntamente, avnque como ellas se rigen por estremos, muy pocos ay que las entiendan; como Séneca lo dize, si la muger ama o aborreçe, no tiene terçera cosa que es el medio, ni amar ni aborreçer. Y Juuenal dize, las mugeres o aman ardiendo o aborrecen mortalmente.

Darino Todas tus palabras son para aconfortarmeᴹ mas no me dan aconuerto quando pienso el desamor de Finoya y mi poca ventura. Todo quanto hago va en balde. Bien me pareçe lo que dizes de escreuir cartas, mas ya dizen que por demás es rogar a quien no puede tener misericordia, como los gentiles que rogauan a sus dioses, y todo era demasiado.

Angis No solamente digo que no se deue escusar el escreuir otra carta, mas digo que no se deue tardar. Ya començado a escriuir

Finoya, no parará; poco a poco yrá perdiendo el fingido enojo que tiene, y quiçá muy presto, según se rigen algunas por estremos. Lieue otra carta Renedo, que en esta segunda respuesta suya conoçeremos las mudanças suyas, que con las libiandades se acompañan. Por muy alcançado tengo yo tu desseo; tanto es lo que yo creo como lo que tú dudas. Cata que las más mugeres son más mudables que el día: si ésta al principio, como la mañana, haze fuerte, a la postre se suele mudar el día.

Renedo Dame, señor, la enamorada carta, que yo fío tanto en el mereçimiento tuyo y en la mudança de Finoya, que verná a derribarse la fortaleza. Ca[13ᵛ]da carta tuya es vn combate; yo soy el que pasa más peligro y el que tiene menos temor, porque conozco las furias de las mugeres, que a las vezes las que al principio se muestran más fuertes, suelen antes ser más flacas.

Darino Cata aquí la carta, llena de temor, scripta con trabajo y çerrada con desuentura; a tu buen seso dexo lo que as de dezir. Y dale esta otra inuinción que le embío.

Embió Darino a Finoya vn catiuo con vna argolla al pescueso,
y dezía la letra:
El ques catibo por fuerça
Tyene mayor libertad
Que el que lo es de voluntad.

Carta de Darino a Finoya

Gran culpa es la que tengo, gran pena es la que mereço: tu mandamiento he quebrado. Pues eres mi señora, deuías ser obedeçida, mas ¿qué hará aquél que no puede hazer otro? No pienses que ninguna cosa tengo en mi poder; todo lo tengo dado a ti. Los cinco sentidos míos, tú los tienes robados de aquél que por su consentimiento tuvo por bienauenturança la bien empleada perdición de su persona. Pues, ¿qué haré yo, triste, que no tengo con qué regirme, y hago mis hechos acertados y no me aprouechan? Yo guiado por el norte de tu beldad, ¿por qué tengo de leuar mal viaje por la mar de tu gentileza? ¿Por qué tengo de correr fortuna,[25] pues no a sido mi fado o ventura mala, que gran bien fue para mí el conoscerte? Esto solo me haze venturoso, y todas las otras cosas desuenturado. Por falso juez te tengo, pues que a mí, tu prisionero, as condenado sin ser oydo; mas quando pienso que yo de mí mismo e sido acusado, a ti tengo por escusada. Piensa y mira, señora mía, que matas a quien no te a hecho daño ni a quebrado la ley que tú le pusiste. No me as querido condenar a muerte sino a cárçel perpetua, por [14r] la corona que tiene mi conoçimiento en aver conoçido y querido cosa tan perfeta como tu gracia. Nunca verás en mí mudança; ni el querer puede ni el poder quiere dexar aquélla que es tan grande que el entendimiento no lo basta comprender. Afloxa, señora, las cadenas de tu seruidor; no tengas por enemigo a quien tanto te quiere. No desames a quien por amarte se a desamado; y si quieres que él no muera, venga presto tu respuesta, y no cruel, porque no cause la muerte de aquél que te dexaría obligada para dar razón de su vida.

Renedo, Finoya
Razón tiene tu ermosura de dar castigo a mi atreuimiento, porque aviéndome mandado no pareçiesse delante de tu presencia, yo, como persona fuera de todo tino y razón, he desestimado y pasado adelante contra lo que tú me mandaste. Y como fuesse cosa que no estuuiesse en mi poder, no deuo ser culpado. Si a Darino ofendes, a ti misma culpas; si por causa tuya mereçe muerte, ¿por qué ge la das tú? Lo que él mereçe por atreuido mereçes tú por desconoçida; no tengas en poco el desconoscimiento, que poco menos culpa mereçes por desgradecida que alabança por agraciada, porque Darino no a errado en seruirte, que tuuo razón para ello. Mas tú yerras en desamarlo, porque, si a quien te quiere no quieres, ¿a quién has de querer? Toma a mí, que soy el menor seruidor tuyo, y manda castigarme, que yo seré tan contento como bienauenturado.

Finoya La loca presunción de Darino no conoçerá su osadía, asta que reçiba el castigo que tiene mereçido; muchas vezes él dessea verme para dezirme sus malos pensamientos, y procura lo que no le conviene, porque más miedo y daño le darán mis razones que mis cartas. No puedo poner mi intinción en cosa tan baxa y ciuil como hablar con aquel atreuido, ni tanpoco en mandar [14v] castigar a ti y a él, porque me miráis con ojos dañados de pensamiento contra mi onrra. Vete ya, traydor, delante de mí; no vea yo más persona que me querría ver desonrrada, que ni quiero hablar contigo, ni menos responder al desdichado Darino.

Renedo No vses, señora, de tanta crueldad, que si quieres mostrar enojo a Darino, mejor lo puedes hazer por carta que por palabra. Escriue toda la rigor que mandares, avnque yo te suplico que limite tu discreción lo que la condición querría, en que no escriuas de manera que ante que acabe de leer tu carta acabe la vida.

Finoya En mi carta tomaría él más atreuimiento, que como está loco del desordenado pensamiento y çiego de la poca razón que tiene, creo que piensa que, avnque le escreuí con enojo, que me quedaua plazer por ello. Algún engaño mantiene.

Renedo No tengas, señora, por tan libiano a Darino; que sus cosas no an sido libianas. ¿Qué mejor cosa pudo él azer que seruirte? ¿Qué más que perder quanto tuvo por sólo verte? ¿Qué mal dessea en querer hablarte para dezirte los apassionados sospiros que a tu causa tiene? No por otra cosa desea verse delante de ti: no porque le dé más esperança la presencia que la absencia su desseo va fuera de confiança. No quiere cosa que a ti sea daño que no sería para él prouecho.

Finoya No puede mi mano tomar la pluma para escreuir a vn tan desuenturado ombre como esse Darino. Mas me pareçe que querría que viniesse, y de mi ventana, estando él en la calle, dezirle lo que él mereçe oyr, diziéndole que se guarde de lo que podría ver, porque, si va tentando mucho mi paciencia, podrá ser que le salga la cuenta errada.

Renedo Si esso, señora, hazes, presto se acabará tu desseo, que es ver la perdición de aquel cauallero, porque tus razones le [15ʳ] darán tanto temor que podrá ser morir luego.

Finoya No me pena syno que estará descansado hasta que llegue delante de mí; que después él verá lo que, si es cuerdo, deue tener visto.

Renedo Dame, señora, carta o mandamiento para que venga, y dile lo que tu seruicio fuere; mas sin carta no creerá mi palabra.

Finoya Cata aquí este papel escrito que es como ley que le doy, y dile que sy no cree lo que aquí le digo, que a de ser condenado.[26]

Renedo Yo te veso las manos muchas vezes por la merçed que hazes a él y a mí: a él en querer hablarle, avnque por su mal, y a mí en que me das buena respuesta para el principio, avnque tiene el fyn que de tu virtud sesperaba. Reçibe esta otra fantasía de amor que Darino embía.

Finoya Responderle he en eso como en la carta. Dale esto, que avnque no es de la calidad que embía, es de la cantidad que dio; y no sea tan descomedido que sea ynportuno.

    Embía Finoya a Darino vnos árboles pequeños,
        y dezía la letra:
        Estos tyenen más que tyenes,
        Que darán fruto con flores,
        Lo que no ay en tus amores.

Respuesta de Finoya a Darino

¿Hasta quándo a de durar el grande engaño y poco seso tuyo? Ya me tienes tan enojada, que e pensado mil vezes en mandarte castigar, syno porque no se sepa avn título[27] tan falso como el tuyo y vn castigo tan ciuil como el mío; mas estas palabras ten bien en la memoria, que si de aquí adelante pasas punto de lo que yo te demandaré, que es [15ᵛ] dexar tan dañados pensamientos para tu desuenturada persona, stará muy cerca tu perdición. Yo he hablado con Renedo, tu mensajero escusado, el qual te dirá que si tú quieres oyr de mi boca estas palabras que por mis cartas as sabido, que vengas delante de mí, avnque harás lo que no te conuiene, porque de allí adelante pecarás más contra mí; porque no pienses que as de saber otra cosa sino verme tan llena de enojo como a ti de atreuimiento, y es por mejor no venir por no ver lo que te digo, syno parar con tus malos principios. Y si acordares de venir a ver tu muerte, no vengas de noche, que sería dar color a tus locuras, syno de día, que harto será de noche para ti, que vernás escuro de las desuenturas que a culpa tuya tienes tomadas.

Renedo, Darino, Angis

Todo mi trabajo acaua en bienauenturança, mi peligro en seguridad, mi tristura y desesperación en esperança y alegría.

Darino Alegre viene Renedo; creo que deue ser alegría desuenturada, que a las vezes los ombres quando se quieren morir reuiuan como la candela y la brasa, que da más claridad quando quiere ser çenisa.

Angis Dexa, señor, que diga.

Renedo Yo he cumplido tu mandado; lo que Finoya me a respondido, por la carta que trayo lo verás. Mi alegría no es en valde, que lo que asta agora e dicho, yo lo he alcançado otra vez. Yo te trayo más, que dize Finoya que vayas a hablar con ella; verdad es que son razones enojosas y que las a dicho con mucho rigor, mas harto es llegar delante della. Lee, señor, esta carta.

Darino ¡O, bienauenturada mi muerte, que verná delante de su causadora! ¡O!, ¿qué palabras serán las que Finoya me dirá? ¿Qué razones las que yo le diré? ¡Turbado me sentiré assí de su hermosura como de su enojo! Enmudeçido estoy de verme;[28] no aprouecha pensar lo que ten[16ʳ]go de dezir, porque luego que llegue cabe su gracia, oluidaré a mí y a mi pensamiento.

Angis Pues que tú vayas, señor, hablar con Finoya, acabado es el fin desto. No quedará en tan poco, yo te digo de cierto, que pues que aora viene a palabras, que después verná a obras; que ya dizen que quien osa dezir osará hazer. En tu mano está la onrra de Finoya por hazer; por ti a tu onrra hará prouecho y a la suya daño. O, como dize bien el Filósofo, que no puede venir bien a vno sin que venga mal a otro, ni se puede engendrar vna cosa sin que otra se corrumpa, como vemos del trigo que, para que nazca, se podreçe primero aquella simiente que se sembró. Para que tu onrra se gane, se a de perder la de Finoya. Yo tengo, señor, por tan cierto cumplido del todo tu deseo como tú mismo lo desseas.

Renedo De vençida va Finoya; yo te veo, señor, vitorioso.

Darino Mi duda es tan grande como mi voluntad. No pienso tener poco en alcançar de hablar con Finoya, ni creo que tenga yo nunca más desto; y avn su mandado será tan graue que no podré más ver su gentil persona ni reçebir sus graciosas cartas. ¡O triste, qué tan lleno estoy de gozo y de duda, qué tan vazío desperança, qué tan dudoso de bien ninguno y cierto de toda tribulación! Mayor osadía es yr a hablar con aquélla que tanto quiero, que matarme con otro, porque si con otro me matasse, si él me pusiesse temor, tanbién temería él; mas Finoya tiéneme destruydo quedando ella bienaventurada.

Renedo En las cosas que vienen con descuydo, a de mostrar y a de poner ombre mucho coraçón; quánto más en las que vienen por el ombre mismo procuradas. Si lo que tú desseas es ver a Finoya, y verla es temor, ¿por qué desseas lo que as de temer? Esfuerça; no desmaye tu cauallerosa sangre, que nosotros dos yremos contigo, que avnque para las razones no te podremos ayudar, porque pareçería ygualdad, harto haremos. Que estando [16ᵛ] delante, te daremos algún ánimo, que la soledad naturalmente es triste, y pareçe que trahe cobardía y encogimiento. Siempre es bueno tener hombre cabe sí de quien espere fauor o ayuda, o quien le mire con buenos ojos.

Angis No creas, señor, que Finoya te quiere para maltratarte, porque eres cauallero y ella dama mesurada, y no tiene contigo tanto conoscimiento. No será atreuida; creo yo que te querrá para conoçer tu manera y conuersación, para que si de ti se contenta, deseará lo que tú desseas. Mañas son de mugeres, más saben que nosotros en estos casos; con mayor esfuerço los acometen, y con mejor astucia los remedian. Vsa tú de lo que Dios te a dado, de la gentil conuersación, que más presto se contentan ellas que nosotros, y después de contentas ante hazen vn yerro.

Darino Todo lo que dizes puede ser, mas yo tengo a Finoya por tan virtuosa y a mí tan desdichado, que entre estos dos estremos pueden cauer sus desamores y mis desuenturas. Forçado tengo de yr a hablar con ella; ella me ha de sentenciar, por ella e de saber mi destierro para siempre. Y según va mi desdichada persona, assí me puede ella a mí conoçer en el gesto^N mi tristura, como yo a ella en la habla su desamor. Dame acá el cauallo; vamos a la batalla, que mi lengua ha de ser mis armas, y mi aduersario es lo que yo leuo comigo; el coraçón y pensamiento son dos enemigos que se me an reuelado sin hazerme aleuosía. Ellos tienen las ganzúas con que han rompido y deçerrajado los candados donde estaua mi conoçimiento.

Ya yo veo la casa que a de ser la sepoltura mía; ya me tiemblan las carnes temiendo la cruda sentencia que me ha de dar. Ya salen las lágrimas de los ojos, ya se muda mi gesto^O de color, ya sudo gotas de con[17^r]goxa. La vista se pierde, la lengua se enmudeçe. Ya estoy al cabo de mi jornada y al principio de mi esperança. Fuerço, fuerço,^{P} que no puedo faltar a lo que soy obligado.

Darino, Finoya

Yo vengo, señora, a cumplir tu voluntad y mía. La mía se a cumplido primero, que es ver tu hermosura sin par; cúmplase aora la tuya, que es dar fin a la triste vida déste que es tanto tuyo.

Finoya Nunca pensé, Darino, que tu seso poseyesse tanta liuiandad que osase pensar contra mí y so color de amistad procurar de desonrrarme.

Darino ¿En qué tienes, señora, enojo con éste tu catiuo? ¿Qué hize yo contra ti? ¿Qué e yo suplicado syno que me tengas por seruidor? No pensé que por querer seruirte avía de enojarte.

Finoya Mi enojo es que, quando tú as tanto porfiado en tu mal pensamiento, pareçe que veyas en mí alguna causa de ser liuiana, porque do no ay esperança no ay porfía. Tus pensamientos van en el ayre, y sin ningún fundamento hazes tus cosas. Dexa, pues, de aquí adelante los falsos y atreuidos yerros que contra mi onrra as acometido, que syno por la vergüença que en mí está, que no querría publicar vna cosa tan de burla como ésta, yo te vuiera mandado castigar de manera que ni tú ni otro por ti no pareçiérades donde yo estuuiera.^{29}

Darino Pierde, señora mía, el sobrado enojo; mira la causa porque lo tienes, que, si bien echas la cuenta, no merezco yo más mal del que yo me doy. Yo mismo hize el yerro, yo propio me doy el pago; de mí solo a salido el pecado y la penitencia. Yo te beso essas agraciadas manos como a señora mía, y te suplico mil vezes no teng[17ᵛ]as enojo con quien no te hizo deseruicio. No castigues a quien no a errado, no trates mal a quien te dessea seruir, no oluides a quien te tiene en la memoria. Perdona, señora, mi atreuimiento, y da passada a mi yerro; si yo merezco muerte, todo el mundo la mereçe. Yo te desseo seruir, y no se hallará hombre en el mundo que el mismo desseo no tuuiesse. Tu ermosura fuerça las voluntades, y tu gracia roba los coraçones; tu discreción quita toda cordura que nadi puede tener. Yo vengo a azer obediencia a ti como a señora; dame tú la penitencia. No sea, señora, entredicho que me viede el ver tu presencia, porque serías omiçida; que en el mismo punto acabaría el viuir déste que no viue syno por la gloria que le queda de la agraciada vista y dichoso razonamiento que contigo a pasado.

Finoya Tus buenas palabras no an de hazer malas mis obras. No cures de andar a caça, que no soy tan boba que por dulçes lisonjas, que es como el çeuo del anzuelo, aya de caer en cosa que la onrra me costasse. Tú eres el mayor enemigo que yo^Q tengo, porque vienes cubierto, y el daño que se haze secreto es mayor quel público; que por esso dizen que mereçe más muerte el que mata con yeruas que el que mata con cuchillo, por ser más secreto, que no se pueden assí guardar. No hagas tus cosas cautelosamente. ¡Vete, maluado, delante de mí! Perdóname que te desonrro, que tú tienes la culpa, que me das causa con tu desuergüença.[30]

Darino Tú serás obedeçida; mas mira, señora, que no me despidas con tanta crueldad. ¡Qué duro coraçón es el tuyo, que no puede entrar misericordia! No muestres tanta fuerça contra cosa tan vencida; no quieras que muera en tu casa, que de fuera yo mismo me mato con los sobrados pensamientos deuidos y justos. Que si de la sentencia que tú me das tuuiesse yo donde apellar, yo te [18ʳ] ganaría la causa –avnque yo contra ti no puedo ganar, porque no me queda con qué aventurar, y no aprouecharía ser auenturero, pues que soy desuenturado. Juzga y conoçe, señora mía, en el aprieto que me tienes, que pareçe que me quieres echar por las almenas abaxo; mejor sería para mí, por acabar y no durar siempre como infierno. No te enojen mis palabras, avnque sean torpes, que yo no solía ser tal, mas después que vi tu ermosura, e quedado tan turbado, que ni sé lo que digo ni lo que conuiene; no me queda otro sentido syno saber que hize lo que deuía, avnque me a salido todo a daño por tu sola causa.

Finoya No entendiendo [sic] tus requiebros, ni quiero saber lo que dizes, syno dezirte que dexes lo que as començado; que ni quiero que seas mi seruidor, que yo no tengo de tener otros seruidores syno aquéllos que mi padre tiene pagados, que me siruen con otra manera de amor que tú dizes: ellos dessean mi onrra y tú mi mengua, ellos procuran seruirme y tú enojarme.

Darino Harto mayor deue ser mi seruición que el désos: a éssos pagas con dinero, y a mí no me pagarías con todos los tesoros del mundo.

Finoya Vençer a vno con sus razones es como matallo con sus armas. Pues que tú dizes que no te podría pagar tus seruicios con todos los tesoros, ¿con qué quieres que te pague, con mi persona? Aquí verás tu falsedad.

Darino No tomes, señora, las cosas assí, que eres más sabia que yo y puédesme vençer. Buenas son tus razones, mas muchas vezes las razones buenas son falsas, porque va el engaño cubierto, y la verdad va llana. Avnque tú no me pagas[R] con tu persona –que por mereçimiento ninguno la mereçe; ni por voluntad tuya, ni por dicha de nadi, no a de gozar nadi de tu gentileza– mas no tomando las cosas en estremo, bien podrías tú pagar [18v] mi desseo con sólo conoçer mi passión y pesarte de mi pena. No es poco lo que pido. Mira tú, señora, lo que puede ser menos, que solamente que no te vea enojada me llamaré bienauenturado.

Finoya No gastes ya más almazén, no vayas tras lo impossible; entiende en buscar tu remedio, que de mí nunca lo abrás.

Darino Tú eres la que me as de remediar y perder; el bien y mal mío de ti sespera. De ay a de uenir mi esperança y mi desesperación, y el consuelo y desconsuelo, el ganar y el perder.

Finoya Vete ya; no porfíes tras lo escusado.

Darino Yo te beso las manos muchas vezes, que avnque más tormento me des, ganado me tienes para siempre.

Darino, Renedo, Angis

Visto avéys todo lo que a passado. Dizen que los sabios por lo presente pueden juzgar lo que está por venir; ¿qué os pareçe a vosotros de lo que tratamos?

Renedo Que está este negocio de manera que a mí no me descontenta; ante te digo, señor, que me agrada. Ninguna cosa, por baxa que sea, se puede aver sin tiempo, quanto más lo graue. Tentemos, naueguemos; si agora haze fortuna, podrá ser que venga bonança y avn calma.

Angis Todo quanto se haze se deue hazer con consejo. En esto que lleuamos entre manos, ¿no cumple tanto consejo como en otras cosas? Porque se a de mirar si se a de seguir o no. Si se a de perseguir, no se puede hazer syno con cartas, y sy no, dexarlo. Ya ay^s otras mañas, que es por dinero, porquel dinero haze hazer muchas cosas; por él se vençen muchas batallas con gentil gente, y otras vezes sin ninguna gente. Dando a los capitanes secretamente di[19ʳ]nero, hazen qualquiere cosa; por esto viene la guerra y la paz. Y en conclusión, todas o las más cosas se podrían aver con dinero, y avn este caso. Algunas mugeres an sido por interesse deçebidas, mas Finoya no es de poner en el número déstas; con cartas, es mi pareçer, se deue porfiar, porque es más gala que el interesse.

Renedo De dexar lo enprendido no se deue hablar; gran poquedad sería. Pues, para pasar adelante, las cartas es el mejor remedio.

Darino Hágase como lo dizes, que en vosotros dos está mi esperança. Tú, Renedo, as emprendido esto; llega al cabo dello, que no tengo de parar. No soy como león pardo que, si en dos saltos no toma la libre [sic], luego la dexa; y cuésteme la vida, que ya tengo dada la salud.

Angis No querría, señor, que me tubiesses por variable en mudar de pareçer, mas dizen los letrados que de los sabios es mudar el consejo. Si vna cosa se emprende y es mal començada, dexarla es la cordura, que la porfía muchas vezes se aparta de la razón. No lo digo porque tú no procures todo quanto pudieres en alcançar el fin de tus desseados amores, mas porque juntamente con esto tuuiesses otro exerciçio caualleroso que no los vicios. Al cauallero tan natural es la guerra.[31] Mira que el sosiego es vicio; myra los capitanes que no querrían derribar vna çiudad de sus aduersarios porque no ternían después con quien pelear y hyziérase la gente viciosa. ¡O quánto me pareçen mejor las trompetas en el campo que las músicas en la calle! Mucho mejor las armas que los brocados, los quales se gastan más cauallerosamente en los campos batallando que en los destrados diziendo donayres. No an de ser los ombres todo en burlas, que se avezan a çu[19ᵛ]frir injurias, mas las más vezes vestidos de fieltro y de cuero, y morir en el campo y no en la cama, lleuar la barba creçida, porque en todas las cosas que el ombre se puede apartar de pareçer muger, es razón que lo haga. Como sea la barba de las cosas que se aparta el ombre de pareçer muger, va bien con barba; y avn a ellas más les contenta el varón esforçado, que muchos veemos de los donosos que salen cobardes. Pues, ¿en dónde se aprenden más las cosas que en el campo? No pienses que por andar guerreando no sepan defenderse con la lengua como con las manos, que tanta gente se junta que tienen mucha conuersación; que los negocios y tratos son los que hazen los ombres, y como no aya en parte que aya más tratos que en la guerra, en ninguna parte puede aver más despiertos ingenios. Todo esto, señor, que te digo, no es porque me pese que tú escriuas a Finoya, porque para hazer yo lo que tú mandares, assí como te daría la lança en el campo, leuaré aora carta y cartas a la que tu seruicio fuere.

Darino Como varón as hablado; no ay en cosa que más se conoçan los ombres que en los desseos, viendo a lo que son inclinados. Mas para hazer lo que tú as dicho, el tiempo avía de hazerlo, que estando todo en paz y en sosiego, mal podré yo ser batallador. Verdad es que dizes bien que yo por mí mismo podría exercitar las armas; todo se podrá hazer.

Renedo Angis a hablado sabiamente, mas todos los ombres no son de vna condición; vnos ay palreros, otros callados, vnos reposados y otros bulliciosos, vnos guerreros y otros pacíficos. En los caualleros nunca pareçen mal las armas; tanbién deues, señor, vsar del exérçito de la guerra como de los do[20r]nayres del palacio.

Angis La guerra que tú, señor, tienes, es la de Cupido, aquél que tira a los enamorados. Ame plazido dezirte lo que he dicho, porque, avnque no me an descontentado las razones que as pasado con Finoya, por ser ella muger, sólo esto podría dar esperança, porque ay muchas que son variables; mas assí ay algunas que son muy constantes. Ella te a hablado con enojo, y puede ser que no sea fingido; ella no puede, porque no querrá hazer en ti cosa fea, avnque te amenaza. Mas arto mal hará en que pierdas la salud y reposo por ella, y por ventura nunca serás gualardonado.

Darino No me muestres poco coraçón, pues que de ti espero yo quanto puedo tener, que el físico no a de dar desmayo al doliente. Yo vengo tan alegre de lo que he pasado con Finoya, que aquel plazer me da esperança, y con diligencia de vosotros pienso yo aver alcançado lo que mi dicha nunca me diera. Pensando en la gracia y hermosura de aquélla que mi tanto quiero, por impossible tengo apartarme de seruirla; y avnque sepa de cierto que mi trauajo es en valde, no puedo syno seguir aquella poca confiança. Que los que tienen vida esperan, que mientra que ombre viue siempre espera, y assí como es poca mi vida, es poca mi esperança.

Renedo Lo mejor que yo hallo, señor, en este negocio, es que tú as hablado con Finoya, y avemos de mirar que ella queda contenta de tu conuersación y gentileza; que ellas tanbién se contentan, y si dexan de hazer lo que se dessea, es por la onrra, de la qual muchas se aconuertan, vnas creyendo que no se sabrá, y otras que no puede la razón detener a la voluntad. Mucho mal ay en esto, no tocando en la onrra de las virtuosas mugeres. ¿Por qué piensas que es el mundo tan malo, sino porque no son todos hijos de quien [20v] dizen que son sus padres? Y como están hechos en pecado mortal, sale la gente tan mala. ¡O quántos ay que hablan en las calles con sus padres y no los conoçen! Dize y manda Dios que el marido y la muger sean dos personas en vna carne, ¡y a las vezes son más de diez! Todo va a río buelto; quien quiere pescar, caça. No te ponga temor ninguna cosa, que ya las cosas de virtud no pareçen; con Dios subieron al cielo. Todos somos ya tan malos que ya es la fin del mundo, ya es naçido el Antechristo. Todos somos tan peruersos que Dios de muy enojado echará huego del çielo y acabará esta flaca vmanidad. Mayormente en estas cosas de amores, no quiero dezir lo que siento.

Darino Bien tengo conoçido lo que dizes ser verdad, mas forçado a de aver virtud en las mugeres, y si alguna a de ser virtuosa, a de ser ésta a quien no falta cosa para que se pueda llamar inperfeta.

Angis Pues yo no tengo por impossible que seas tú tan amado quanto amador; y si tú no as de ser querido, a de ser porque ellas nunca escogen lo bueno. Que como son mañosas, tienen vnas vueltas de raposas, que a las vezes las mata el más ruyn galgo; y los más ciuiles ombres gozan de las más gentiles mugeres, el más ruyn puerco se come la mejor bellota.

Renedo Esso hazen ellas, porque no se sepa que teniendo amores con ombres de poco, avnque se diga no se cree. Y las más déstas son de poca criança, que las que alcançan la gala del palacio más quieren la conuersación que nada, avnque lo otro a nadi descontenta. Cosa muy común es en ellas y en nosotros darnos a este vicio más que a otro alguno; y muéstrase la más cordura en hazerlo más secretamente. La noche es [21r] la que cubre los pensamientos y las obras de los ombres y mugeres.

Darino No tardemos en escreuir a Finoya, no piense que las amenazas que me a hecho me ponen temor; que ella misma me ternía por ceuil que dexase de seruirla, que no puedo creer que el alabarla y quererla le descontente.

Angis Dale, señor, la carta a Renedo, y Dios lo guje, que aora pasa más peligro que nunca.

Renedo Mi aconuerto va luchando con mi peligro. No me puede venir cosa que ya no la tenga ensoñada. ¡No quiera Dios que la vea! Dame, señor, la carta, y no se dexe nuestra porfía, que dezirse suele: seguidores vence*n*. Pocas cosas ay que con largo tiempo la porfía no las traya a co*n*clusión. Alegre me pareçe que voy; el alma me dize q*ue* verná esto a buen fin.

       Embía Darino a Finoya vnos ruseñores,
          y dize la letra:
          Cantarán éstos de amores.
          Yo, avnque callo,
          Lloro por los desamores.

Carta de Darino a Finoya

Avnque del todo me matases, no podría dexar de seruirte. ¡O esperança y desesperación mía! ¿En qué te tengo deseruida, que sie*n*do ta*n* tuyo te te*n*ga enojada? No vean mis ojos tu hermosura tan ayrada co*n*tra mí, ni oya*n* mis tristes orejas tus fuertes palabras que destierran y entierran mi persona venturosa y desue*n*turada. ¡O perfeta gracia, o acabada perfeción, vida y muerte mía, de do*n*de yo espero y desespero, mira éste tuyo que te quiere, y [21ᵛ] sin tú amarlo eres tan amada!³² Querría obedeçer tu mandado, y no puedo. Tú me mandas q*ue* no te sirua; si con la le*n*gua lo ma*n*das, con toda tu persona lo desmandas, porq*ue* vié*n*dote tan desigual en todas las cosas q*ue* en vna dama se requieren, ¿quién será aquél que quiera ni pueda dexar d*e* seruirte? Al viuo matas y al muerto resuscitas. Perdóname sy no dexo de alabarte, pues que no yerro. Consiénteme que te sirua, pues que no te pido galardón; no te fatigue con mis seruicios, pues q*ue* te querría más seruir que enojar. Ante vea yo el fin de mi vida que el principio tu trabajo.³³ ¿Para qué quiero yo quanto tengo, syno para que se gaste donde mi desca*n*so se a perdido? No por cobrar nada de lo q*ue* te he dado ni q*ue* tú me des nada de tuyo, mas para q*ue* yo haga lo que deuo y digan todos q*ue* mi perdición a sido bien enpleada. Recibe, señora, mi carta, y responde a ella, que no ofendes nada a tu onrra. No te pido sino papel; las razones tuyas yo no merezco oyr. Esto a de ser de tu propia volu*n*tad, como dama que de piadad es su costumbre, porque la delicadeza de la hermosura deue yr lexos de la crueldad. Con el noble coraçón no çufren ver trabajados a los que padeçen; quanto más aquéllos q*ue* por su causa pena*n* y son condenados, pagando con gran desamor el justo seruicio.

          Renedo, Finoya

Dame, señora, el castigo que merezco. Toma esta carta, que no quiero más hablar, tan turbado me hallo en verme delante desa gracia que Dios a hecho para mostrar su poderío.

Finoya ¿Avn porfía Darino? Él tiene poco conoçimiento, mucha osadía. Cierto, el otro día [22r] quando le vi, a mí me contentó su prática de cauallero; mas avido respeto del fin que lo mueue, no puedo tomar con paciencia sus pensamientos.[34]

Renedo Si bien conoçieses, señora, el desseo de Darino y el fin de su intención, no lo desamarías. No te pide otra cosa syno que le escribas o que le hagas merçé de darle liçencia que venga a verte. ¿En qué dessea en esto cosa que te sea dañosa? Como hablas con otros, ¿no hablarás con él? ¿No escriuirás a él como escriues a tus vasallos? Tu gentil conuersación no puede estar sin conuersar; pues ¿con qué cauallero puedes mejor hablar que con Darino? Oluida, señora, la fortaleza de tu virtud, que bien puedes ser virtuosa avnque pratiques con aquel cauallero, y será mejor tu alabança, porque tendrás más resistencia quando tengas más prueba. No se sabría si es fuerte la ciudad sy no la combatiessen; y la onestidad de las mugeres ase de probar con el requirimiento de los ombres. Y pues tú para todo tienes tanta virtud, muéstrala con essa afable gracia.

Finoya No me penaría de hablar con Darino, syno porque no tomasse el fabor en su mal propósito, que creo que mi hablar sería dar armas a su osadía.

Renedo No creas, señora, cosa tan apartada de razón, que en hablar con Darino se acaba todo su desseo. No es otra cosa la que él quiere; no es él tan necio que dessee lo que no puede alcançar. Mucha merçé es la que él reçibe en hablar con tu gentil prática de dama. ¿Qué otra cosa le queda que querer, pues de ti no se puede esperar más? Ni en la condición tuya ni en el mereçimiento suyo cabe más de sólo ver. Vfano estará su desseo viendo a ti; ¿qué puede él ni nadi más desear?

Finoya Pues que para sólo ver y practicar, venga[T] él debaxo de mi ventana y a las [22v] doze de media noche solo, que pues yo estaré arriba, poco miedo le terné. Y avn assí me tiembla el coraçón, que me pareçe desonestidad, quanto más hauiéndole escripto y hablado con tanto enojo. ¿Qué dirá él, syno que soy loca, que hago tan presto tanta mudança? Mas no creo que ofendo a mi onrra, pues que tan lexos hablo con él. Verdad es que me pareçe que en ser a tal ora es malo; mas no puede ser otramente, porque no lo viessen estar tanto cabe mí, sabiendo la intención que él me tiene y las malas lenguas que ay.

Renedo No temas, señora, nada, que no es cosa nueua, agora que haze gran calor, estar las damas tan tarde a la ventana y pasar caualleros. Ni sabrán quién eres tú ni quién es él. Cada qual cura de sus negocios; todos quantos pasan por aquí, cada vno lieua su manera de pensamiento, y como está esto apartado, no pasan muchos. Vnos con enojos, otros com [sic] plazeres, curan poco de lo que en otros cabos se haze, quanto más que esto no es cosa que sea juyzio.

Finoya Dale esta carta a Darino, y dile que no venga con presunción ni alegría, ni traya otra esperança que, porque estoy contenta de su conuersación, me plaze que venga hablar comigo, y que en esto acaba todo quanto él espera.

> Embía Finoya a Darino vn pauo,
> y dezía la letra:
> Su ermosura en [sic] tu pensar,
> Y sus pies son tu esperança,
> Y su voz tu confyança.

[23ʳ]
Respuesta de Finoya a Darino

Nunca pensé, Darino, que tu porfía alcançasse de mí ninguna cosa; mas porque no me tengas por neçia que huyó de la conuersación, avnque para algunas es lazo donde caen, yo pienso defenderme con armas de la virtud acostumbrada. El otro día quando hablé contigo, holgando que dexaras los escusados pensamientos, te hablé con soberuia que te apartases de quererte llamar mío. Plúgome tu conuersación; después, pensando^U que puedo bien hablar contigo sin que redunde en desonrra mía. No vengas alegre, que no pienso darte plazer, que si tal pensase, quiçá no lo haría, porque tu plazer es mi pesar, pues que deseas mi daño; mas ven como si nada huuiesses alcançado, pues que quedarás tan sin remedio. Aora como antes y de contino, yrá tu intención sin hazer ofensa a mi virtud; mi vista no te dará consuelo, ni mis palabras esperança. No quiero dezirte más, syno que tengas por çierto que vernás a verme como para despedirte.

Renedo, Darino, Angis

Pequeña cosa es tu casa para que yo quepa en ella: más ancho vengo que capitán que a vençido batalla, pues he vençido lo que es más fuerte que todas las huestes del mundo ayuntadas. Lee, señor, esta carta, y apareja essas cortesanas razones, que cerca está el tiempo que te as de veer donde tú desseas.

Darino ¡O buen criado, o astuto servidor, o sabio mensajero! Gualardónense aora mis seruicios, que después se gualardonarán los tuyos.

Angis ¿Qué traes, qué traes? No deues venir muy car[23ᵛ]gado según vienes lijero. Deue ser que vaya a hablar con Finoya.

Renedo ¿Y eso es poco?

Angis Harto y mucho, que es principio y puerta por donde entran a lo de más.

Darino Mi esperança está gozosa.

Angis No querría, señor, que esta muger nos hiziesse alguna burla, que assí como los árboles almendrales por salir temprano en sus flores se pierden por los contrarios yelos, assí los ombres por yr temprano a lo que debrían esperar, son engañados por las aduersas cautelas. De todas las cosas es bueno ni mucho osar ni mucho esperar, syno vn medio, que el tenor por eso es çimiento de la música, porque está en medio della. Esto de Finoya no tiene medio: ayer nos amenazó y oy nos conuida. Mas quando pienso que algunas son que vsan de su naturaleza flaca y débil, después que tú le hablaste puede estar muy contenta de ti, señor; y como piensa a solas, piensan algunas dellas locuras, que assí lo dize Séneca: La muger que sola piensa, mal piensa. Dudoso estoy en este caso, y pienso que está puesta en estremo. Si ella te llama con amor, en poco tiempo a hecho gran mudança, y si con desamor, avnque ella ya lo mostraua, fuerte estremo sería que tan presto nos diesse castigo ni galardón. No lo entiendo. Pues que te llama, obligado eres a yr; pues vas llamado, no creo que vse ella de cautela.

Darino No çufre ya mi voluntad, pues me manda yr, esperar más. Asta aquí demandaua yo consentimiento, y he allado mandado; yo querría que me acogiessen, y llámanme. Vamos, vamos con mi bienauenturança.

Renedo Espera, señor, la ora, que ella me dixo que no fuesses asta media noche, y que ella estaría a la ventana y tú muy secretamente en la calle.

Darino Poco deue faltar para media noche.

Angis Más falta para el fin de nuestro desseo.

Renedo Aora da las onze; esta ora, paseando y pensando en lo que te as de uer se pasará.

Darino Sá[24ʳ]came el sayón de naranjado y verde, y la capa de

grana, y vna rodela y espada.
Angis Vamos, señor, y Dios nos guje.

Darino, Finoya
¿Estás ay, mi señora?
Finoya ¿Eres tú, Darino?
Darino Seruidor.
Finoya No tengas en poco lo que as alcançado, según mi condición, ni tanpoco por otra parte lo deues tener en mucho, porque no lo hago con intención de yr quitando parte de tu desseo.
Darino Tengo en tanto lo que posseo, que si no fuera por tu sola voluntad, ¿quién vastaua a mereçer lo medio de lo que yo e avido? Mis seruicios no mereçían ser pagados syno con tu mereçimiento, y mi trabajo con sólo saberlo tú. Y^v he alcançado verme donde me veo, a ssido porque deseas ver el cabo de mi perdimiento y darme esta sepoltura onrrosa, porque asta aquí me as catiuado con la hermosura, y ora con la conuersación.
Finoya No cures, Darino, de entrar en burlas, que vosotros nunca tenéys amor, y de contino pensáys que soys queridos. ¿Por qué nos tenéys por libianas, pues no lo somos todas?
Darino Son libianos los pensamientos de quien tal pensase. No puedes tú más errar en darme tormentos que yo en hazerte seruicios.
Finoya Siempre son tus razones lisonjeras; falso eres.
Darino ¡O señora mía, no tengas por falso a quien con tanta verdad se a catiuado!
Finoya Mas que con mentira querrías catiuar.
Darino Mal conoçes a quien es tan tuyo.
Finoya Muchas maneras ay de amor. ¡Ay, Jesús, que se me a caydo el ventallo! Por mi vida, que me lo vueluas, que bien alcançarás con la mano, por aquí, por entre la reja.
Darino En quanto mandares serás obedeçida, mas en esto me perdona, que pues que él me vino a dar, ya pareçe que a de ser mío. ¡Alabado sea Dios, que tengo cosa tuya!
Finoya ¿Qué aprouecha, pues no lo tienes con mi voluntad?
Darino Desa [24^v] manera ni la merezco ni la espero.
Finoya Déxate aora de burlas, y vuélveme mi ventallo; que assí goze, que sy no me le buelues, que nunca te hable.
Darino Soy contento. Mas dexado esto, yo te suplico, mi señora, que me des lugar que yo te pueda hablar ay en la cámara, porque vea de más çerca tu gentil figura que me tiene desfigurado.
Finoya ¡Bueno es esso! ¡Más desfigurada estaría yo! Déxate

deso.
    Darino   Pues como nunca tengo de uerte, mejor sería ay, que más presto puedo ser visto aquí.
    Finoya   Ni ay ni aquí, si la voluntad no se me muda.
    Darino   No seas, señora, cruel.
    Finoya   Mas no seas tú porfyado.
    Darino   Otra vez bueluo, señora mía, a suplicarte me des lugar que mañana, si aora no puede ser, entre en tu cámara. ¿Qué te pena más, hablar estando aquí baxo o ay arriba?
    Finoya   No porfíes. ¿Tanto lo deseas? Soy contenta, mas tanbién te yrás tan descontento.
    Darino   Ya yo lo sé, más por estar más çerca de lo que estaré muy lexos.
    Finoya   Eso juro yo.
    Darino   Y avn por esso son mis sospiros.
    Finoya   ¡Jesús! Pues no me vengas a suspirar tan çerca.[36]
    Darino   No, señora, que cabe ti en gloria estoy, y todo mi trabajo queda para el absencia.
    Finoya   Aozadas, entonçes, reys vosotros.
    Darino   Bien sabes de mi vida.
    Finoya   Como tú de la mía.
    Darino   Assí lo creo.
    Finoya   Tenlo por cierto.
    Darino   Pues si tú supiesses de mi vida, harías que supiesse yo de la tuya, porque verías en mí tantas passiones, que ternías alguna compassión y me darías a conoçer tu conoçimiento.
    Finoya   No te enrames por ay, que ya sé todo qué es. Mas vete ya, que es muy tarde.
    Darino   No me mandes, señora, yr sin saber tu man[25r]dado, pues me atorgaste que venga mañana ay en tu cámara.
    Finoya   Que me plaze, mas ¿qué te aprouecha?
    Darino   Reçebir merçé de estar cabe ti.
    Finoya   No quería [sic] que se supiesse en mi posada, mas yo lo merezco de ponerme por ti en tanta afrenta, que si te veen pensarán que venís [sic] de veras, y vienes de burlas.
    Darino   No temas, señora; ora tú para las cosas de encubrillo, yo para esso y para el esfuerço, y fuerça haremos que venga todo a bien.
    Finoya   ¡Assí lo quiera Dios!
    Darino   ¿A qué ora mandas, señora, que buelua?
    Finoya   A la misma ora de oy, a media noche, y no sé cómo lo

digo.

Darino Pues ¿mandas que esté más aquí? Que me pareçe que te entras de la ventana.

Finoya No, vete luego, que avnque mañana no bueluas, no me penará; y si vinieres, no vernás para más esperança de la que aora as tenido.[37]

Darino, Renedo, Angis

Según lo que veo, yo tengo por muy cierta mi esperança, sy no me acaeçe como a los dolientes algún recaer; mas no viene syno de desorden, pues yo no lo haré.

Renedo Ya son abiertas las puertas de tu cárçel, ya es cumplido el tiempo de tu destierro, ya es venida la ora de tu bienauenturança. Esfuerça y alegra, señor, que ya nunca te verás sobre este caso triste.

Angis Asta aquí siempre he dudado yo, y agora no acabo de creer las razones que con ella se an passado. Bien me contentan, que pareçe salen del coraçón y que no son fingidas, mas el entrar en su casa, ay mayor peligro.

Darino Mal as pensado, porque el yr yo allá no lo dixo ella, que yo ge lo supliqué, y según su negar y atorgar no ay nada cautelo[25v]so; y avnque fuesse, ¿qué mayor bienauenturança ay para mí que morir in [sic] su casa? Avnque es cosa que no está pensada, porque si ella me quisiera hazer daño, dondequiera podía, y en qualquiere parte fuera mejor para su onrra que en su casa. No temas nada, que todo está saluo.[38]

Renedo Yo lo tengo por acabado tanto a la onrra tuya como si por nosotros fuesse demandada la manera de cómo lo queremos.

Angis Tanbién lo creo yo assí; y pues que esto a de durar, tanbién trabaremos nosotros conoçimiento con sus donzellas, que de contino suele ser assí, que quando están ellas juntas y solas, hablan cosas que no las osarían dezir donde las oyessen. Y vaya por recta línea como la erencia:[39] si el señor con la señora, los seruidores con las donzellas, porque mejor nos encubramos.

Darino Una vez tomemos la fortaleza, que lo lano [sic] a nuestra mano estará de contino. Tenga yo a Fynoya, que las suyas serán vuestras.

Renedo Assí como tú, señor, hablas con nosotros, a de hablar ella con ellas, y por esto avemos de ser todos en el trato.

Darino ¿Y esso tienes tú por cierto?

Renedo Como en la mano.

Angis Para todos avrá, todo a de ser repartido.
Darino Ya la sangre me vulle^W por verme en lo que dizes.
Renedo Lo que as de hazer, señor, es que estando en auenteza [sic], exsecutar las manos con la lengua, porque ellas nunca se vençen de otra manera syno diziendo, ¡No quiero, no quiero!; y son como frayres que quieren que ge lo echen en el capillo. Y si por caso esto no hiziesses, ella misma te ternía por çiuil.
Angis Dize bien Renedo, que por esso se pone ella en avinanteza [sic]. Sabe, señor, hazer lo que cumple, que en esta vez va todo.
Darino Vosotros me consejáys lo que ya yo sabía; dezíslo bien, y assí lo haré yo, que ya a essa fin demandé yo el [26^r] estar más çerca.
Renedo Pues ya se açerca la ora, no aya muchas palabras, que en esta sazón todo a de ser obras.
Darino Pensemos la manera para entrar secretamente.
Renedo Es mi pareçer que tú, señor, a la misma ora como ella dixo, vayas debaxo de su ventana porque ella sepa como entras, para que ayude; y después concertarás con ella, y so color de hablar, si vieres manera, haz como ombre. Nosotros entraremos como ombres de la misma casa, y tú con nosotros disimulado. Como está su cámara cabe la puerta, ponerte as dentro de la cámara, y avn de Finoya.[40]
Angis Esso me pareçe bien; mas no se puede aquí más concertar asta ver la sazón que allaremos, y haremos según veremos.
Darino Como sabios habláys. Yo yré desarmado, y vosotros yrés armados.
Renedo Oras dan, y son las que aguardamos.
Darino Ya trayo mis aconuertos hechos. Dios nos guje; a Él encomiendo esto, y venga lo que viniere.

Darino, Finoya

My alma, respóndeme.
  Finoya ¡Ay! ¿Aquí vienes, Darino?
  Darino Vengo a seruirte y a cumplir con lo que me as mandado, la merçé que te supliqué anoche; y pues la atorgaste, suplícote que la cumplas.
  Finoya Bien querría, si pudiesse, mas es para mí peligro, y para ti no es esperança.
  Darino Todo esso no deue escusar mi entrada, porque tu peligro yo lo aseguraré; y mi esperança, no quiero más de lo que tengo, pues lo que tengo no merezco.

Finoya ¡Ay, pecadora, que me pones en grande afrenta en entrar en mi casa con secretos pasos! Que avnque nady lo sienta, por mí misma no lo podría çufrir.

Darino Dame licencia, señora, que entre.

Finoya ¡Ay, no entres, por mi vida, que me harás enojo! Vete [26ᵛ] ya, o espérate.

Darino Perdóname, que ya entro.

Finoya Desuergonçado que vienes, yo le merezco en dar entrada a quien no tiene comedimiento. Ya estaba quasi desnuda.⁴¹

Darino ¡O, cómo me plaze que estás sola, porque pueda mejor dezirte todo lo que tengo en el coraçón, todo causado por tú [sic] sola! ¡Quánto tiempo a que con lágrimas y sospyros he detenido mi triste alma, para que viesse tan gran bienauenturança como esta!

Finoya Déxame estar de tus razones, que assí goze yo⁴² que en el alma tengo dolor de verte aquí comigo. ¡Aosadas nunca más!

Darino Muéstrame essas manos angelicales, que las quiero besar.

Finoya ¡Ay, Jesú, está quedo! ¡Qué descomedido!

Darino O señora mía, que no puedo; dame licencia y perdón.

Finoya Maldita sea yo con tal cosa; está quedo, y créeme que el postrer remedio será dar gritos, y siquiera nos maten a ti y a mí, sy no fuesse por no dexar mal renombre. ¡Está quedo! ¡Ay, triste! ¡Cata que gritaré, y mi padre lo encubrirá⁴³ todo!

Darino Máteme siquiera. A ti demando perdón de la osadía, que no está más en mi mano. Perdóname, señora.⁴⁴

Finoya ¡Ay, triste, muerta soy! ¡Ay, ay, ay! ¡Mira en mi onrra, Darino! ¡Ay, triste, ay, triste! .... ¡Ay, que me matas! ¡Ay, ay!⁴⁵ ¡O desuergonçada de mí! ¡O cabellos míos! ¿Quién me dixera que yo assí os avía de mesar! ¡O onrra mía perdida! ¡O coraçón mío, rebienta, que ya está perdida toda mi onrra sin que la vergüença se perdiesse! ¡O quien tubiesse armas para matarte o matarme!

Darino Calla, señora, que luego se sienten estas cosas y después es huelgo y alegría. Otras hazen de grado lo que tú hazes por fuerça.⁴⁶

Finoya ¡Ay, ay, ay! ¡Acaba de matarme!

Darino Pase algún día, que no te pesará.

[32ʳ (sic)] **Finoya** Yo quedo tan triste como tú traydor.

Darino No te vea yo assí, señora, que me atribulas; más siento yo tus penas que tú misma.

Finoya ¡A, traydor!, que si esta ventana estuuiesse alta y sin rexa, tú verías mi muerte y no ternías tanta fuerça para detenerme como para forçarme.

Darino Todas las cosas a los principios son fuertes; no digo yo que no es de cuerda lo que sientes, mas digo que al cabo no te penará quanto te pena.

Finoya Pluyera a Dios que viera mi muerte y no mi vergüença, porque la muerte es a todos general y es de obligación, y la vergüença solamente es para los malos.

Darino Vea yo tu aconuerto, que los sabios hazen luego lo que an de hazer. Después alegra, señora, que con tanta hermosura mal pareçe la tristeza.

Finoya ¡Peor pareçe lo que tengo! Ya estoy al cabo de la vida de mi onrra. ¡O, qué mal se hablará de mí! Todo mi linaje queda vituperado. Mal e guardado la vergüença de mi madre. ¡O, si ella lo supiesse!

Darino Buelue, señora, a abraçarme, y sea de tu grado.

Finoya ¡Ay, pecadora! Déxame, vete de aquí, traydor; no nos sientan.

Darino ¿Pues cómo tengo de yrme sin que quede conçierto para boluer?

Finoya ¿Boluer? Ya me hallarás desesperada.

Darino Buen remedio sería ésse.

Finoya Acabando mi vida, feneçerá mi memoria.

Darino No serás tan fuerte como eso. Dexa estar essas desesperaciones, que asta tres días estarás aconortada. ¿Y crees tú que se puede viuir otramente sin tener amores? Syno que tuuiesses el alma de Cristo no te podrías defender. Dios sólo fue el que no pecó, que nosotros caemos y leuantamos, y después Dios nos perdona, pues que lleuamos cruz en la frente. Más hizo en redemirnos [27ᵛ] que en perdonarnos; gran misericordia y amor tiene. Pues quanto lo del mundo, no lo tengas en nada, que si esto no hizieras, bien te podías yr al monesterio, y avn allí pasarás peligro. Yo estoy aquí que te defenderé.

Finoya ¡Ay, desuenturada, mezquina!, que con Dios yo no e pecado; que Dios no quiere de nadie syno lo mejor, que es el coraçón. Yo no he pecado con la voluntad, y si pecara, no tuviera desesperación ni tanpoco tanta confiança como tú dizes, porque si Dios hizo mucho en redemirnos, por esso nos quexamos de nosotros; que Dios mucho nos a ayudado. Pues a lo del mundo, ¿con qué ojos miraré yo a nadi, y con qué ojos me mirarán a mí? ¡Ay!, qué bien dize Séneca que si supiesse que Dios lo avía de perdonar y la gente no lo avía de saber, sólo por la fealdad del pecado lo aborreçería.

Darino Pues esse Séneca que dizo esso, tanbién pecó. Salamón que fue tan sabio, ¿no se enamoró de vna de los gentiles, y ella le hizo ydolatrar? Y Virgilio, ¿no estuuo colgado en un cesto q*ue* lo puso su amiga vn día que passó por allí vna procession?[47] Todos los papas, emperadores y reyes, gente de yglesia y del mundo, an pecado en esto más que en otro. Siempre es mejor la confiança que la desesperación; ninguno se pierde syno por desesperado. No temas nada.

Finoya ¡O triste, qué de sospiros me salta [sic] el coraçón! ¡O quánto valía más ayer que oy, y cada día valdré menos! ¡O, si dolencia me matasse, pues que desastre me a muerto!

Darino Hablemos de nuestros amores, q*ue* donde estó, nunca avrá enojo. Yo te veré reyr de lo que aora lloras.[48]

Finoya ¡Assí vibas tú maldito!

Darino Aora me plaze que te sonríes.

Finoya ¿Sonrreyr?

Darino Dame essa [28r] mano, que la quiero besar como a señora.

Finoya Anda, vete para enemigo.

Darino De quien mal te quisiere, que de ti seruidor soy.

Finoya Calla, que me tienes muerta.

Darino Pues, no me tengo de yr de aquí sin que me mandes voluer.

Finoya Desuenturada, que cognoçerá mi padre en mi tristeza mi desonrra, y podrá ser que nos deçiba y engañe.

Darino Déxame a mí esse cuydado; tú no digas syno la voluntad.

Finoya Ya por tuya me tienes; no sé qué diga,[X] syno dessear mi muerte.

Darino Pues ¿a qué ora ma*n*das que buelua?

Finoya A ésta misma que veniste. ¡Ay, triste! ¿Cómo lo digo?

Darino No desmayes. ¿Qué es esso? Quando a de aver más esfuerço, ¿ay más desmayo? Creo que te pena en que te dexo sola. Encubre y disimula asta mañana, que de allí adelante no sentirás nada.

Finoya Asta aquí estaua en casa de mi madre, y aora estoy en casa de mi enemiga, pues que no soy de su condición y voluntad. Si ella me hablare no podré dissimular.

Darino Di que estás doliente, que muchas lo dizen assí estando desse mesmo mal, o bien.

Finoya ¿Qué cosa para no conoçerlo luego? Lo sospechará; mas creo que, en que me tiene por buena, avnque me viesse, no lo crería [sic].

Darino El enojo y el cuydado que te dexo lieuo comigo; mas quando pienso que el aconuerto y el remedio será presto, no siento mucha fatiga. Mas esto mañana lo verás, que si aora me despides con pena, mañana me allegarás con descanso.

Finoya Nunca veré yo esso.

Darino Y avn luego.

Finoya Vete ya, y déxame llorar.

Darino Di que estás doliente.

Finoya No vengamos a essas preguntas.

[28v] **Darino** Pues assí queda mañana a la metad de la noche.

Finoya Sy, y no sé para qué, syno para que mi muerte se acerque y mi alma se condene.[49]

Darino, Renedo, Angis

¿Cómo podré yo contar a vosotros lo que avemos passado Finoya y yo, syno en conclusión que queda concluydo? Yo he llegado al cabo de mi desseo. ¡O, qué gentil persona que tiene! Tanto vale lo encubierto como lo descubierto; que suelen en algunas aver faltas secretas, mas en ésta, avn está Dios por hazer otra tal.

Renedo ¡Válame Dios, que cosa no pareçe syno que la as ganado a juego! ¡Tan presto a sido!

Angis Estas cosas de amores son como los casamientos, que vnos nunca se hazen avnque se trauajen, y otros, sin que se hablen se concluyen.

Darino No sé qué dezir syno que no me queda qué dessear, que es el mayor bien del mundo, porque donde ay desseo siempre ay trabajo.

Renedo Naturalmente las mugeres son ante vençidas que los ombres. Y esto es de su propia naturaleza, quel natural no puede faltar a nadie. Y tanbién la prática y costumbre dellas es según su naturaleza –digo, de algunas– y por esto dan presto consigo; que dizen los sabios que la costumbre tiene tanta fuerça en nosotros como la naturaleza, que assí nos fuerça y trahe la costumbre a hazer las cosas acostumbradas como la natura los naturales. Y como las más mugeres sean flacas en el esfuerço, y [sic] sobre esto quieren aviuentezas [sic] de práticas y conuersaciones por mostrar su gentileza y saber y ser loadas, y de aquí naçe lo que aora vemos.[50]

Darino No digas en nada mal de Finoya, que mi señora es por

[29r] quien yo tengo de perder la vida.

Angis En aquello no yerra Renedo, que habla en las cosas naturales que no pueden faltar; que cierto está que, por mucho que se aparte nadi de su natural, a la postre allí buelue; tanto que tienen los filósofos que, si de vn ombre naciesse vn árbol, que aquel árbol tornaría a ser ombre.

Darino Dexa de hablar en la filosofía natural; todos los filósofos se perdieron. Dios es sobre natura. ¿Cómo harás tú creer a vn filósofo, que cree las cosas naturales, que Dios esté en la ostia, que es carne suya, y el vino sangre? No creen lo que Dios manda, syno lo que ellos pueden conprender; saben la física y no saben en lo de Dios. El mayor filósofo dixo que el mundo nunca tuuo principio ni tendría y fin; ¡mira qué grande eregía! No hables de filósofos falsos, que materia tenemos entre manos de que hablar.

Renedo Dilo tú, señor, que as passado por ello, y nosotros escucharemos.

Darino Digo que me marauillo de auer alcançado lo que poseo, y que otros que están aquí en esta misma ciudad, con el mismo conoçimiento que yo tengo, no alcançan lo medio de lo que yo he avido.

Angis No lo tengas en mucho que, avnque sean de tu misma ciudad y de tu misma gentileza, ayas tú alcançado más que ellos.

Renedo ¿Cómo, porque sean de la misma ciudad y condiçión, an de alcançar tanto como tú? ¿No sabes lo que dize Serafino, poeta aquilano?,[51] que avnque sean dos ombres de vna condición, no son de vna ventura, syno que pueden ser muy diferentes. De vn mismo árbol, de vna rama hazen vn crucifixo que todo el mundo lo adora, y del otro [sic] hazen vna horca o lo hechan en el huego; y en vn mismo canpo senbrada vna misma simiente, la me[29v]tad della comen los ganados, y del otro se haze harina de donde se haze vna ostia y viene Dios a estar en ella. Gran cosa es las differencias que ay de vna misma cosa a otra como aquélla.

Darino Yo me puedo tener por el más bienauenturado de todos, quanto más con el buen fin desto, que al principio por fuerça fue que oyérades las mayores lamentaciones del mundo, mas aora ya queda que buelua paçíficamente.[52] Avnque Finoya estaua algo triste quando la dexé, aora ya deue estar aconortada.

Renedo ¿A quedado que bueluas oy a media noche como sueles?[53]

Darino Sí, que esso es el bien.

Angis Ya no ay peligro, pues que ella no cabe en él. Con todo, es bien no descuydarte, porque en esto siempre vemos más los miradores, como al axedrez. Tú, enbebeçido, vas turbado, y el que mira libre de tu desseo vee más, y puede mejor conoçer el engaño.

Darino No temo nada, que digo lo que dizía el enamorado de Ero quando pasaba nadando, que donde se desnudaba para nadar, dexaba con los vestidos el temor. Assí como con la turbación de las armas no se sienten las heridas, assí con el ençendimiento del amor no se veen los peligros.[54] En esto nunca ay tanto miedo como en otras cosas, avnque ay mayor peligro. Y aora al principio no va mucho, pues que nadi lo sospecha; quando pasaren algunos días, que se podría sospechar, entonces son las dissimulaciones.

Renedo No puedes tratar cosa que tanto te baya en ella, que va la vida y la onrra de aquélla a quien eres tan en cargo. Y por esto mira que nos rigamos [sic] con cordura; no se yerre lo que después no se podría remediar.

Darino Sabiamente dizes; déxame a mí el cuydado.

Angis ¿Y a de ser presto la y[30ʳ]da?

Darino Luego.

Angis Pues, mándanos cómo vamos, que oy pasando por allí me pareçe que vi muy triste a Nertano, el padre de Finoya; no sepa quiçá algo.

Darino El diablo ge lo avrá dicho tan presto.

Renedo Otras cosas ay de que estar tristes los ombres; bien creo yo que desto está él muy descuydado.

Darino Ya es la ora de yr; armaos vosotros.

Angis Dinos, señor, adónde mandas que estemos nosotros: si mandas que entremos dentro o que estemos de fuera.

Darino Veamos cómo será mejor.

Renedo Mejor sería entrar dentro, que para estar secretos, mejor nos esconderemos que a la puerta, que nos verán; y para si fuere menester, que pongamos rostro.

Darino Dizes bien; y si acaso acaeçiere ninguna rebuelta, yo diré a Finoya que no se altere, que no sabrán qué es, y pensarán que vienen por alguna criada de casa, que de ella nunca sospecharán. Vamos, y Dios guje nuestros pasos; que hallemos a Finoya alegre, y nosotros voluamos contentos.

Renedo Déxame yr, señor, delante, porque estoy yo desafiado con Lantoyo, criado de Finoya, para echarnos pullas onestas; y entretanto aguardarás tiempo para entrar.

[30ᵛ] **Renedo**   Contigo hablo, Lantoyo[55]
mas muy peor que yo hablo,

	hable contigo el diablo,
	llébete de hoyo en hoyo.
	Quantos veo y quantos oyo
	te hagan dies mill enojos;
	eches sangre por los ojos
	como agua por arroyo.
Lantoyo	Yo te respondo, Renedo,
	escucha bien mi razón.
	Hágante ser bujarrón
	quantos viuen en Toledo.
	Véate yo en vn espedo^Z
	do te ases y te fryas;
	que te tornes en sus^{AA} días
	tamaño como vn dedo.
Renedo	Comas tal capirotada
	de capirotes de halcones,
	y quantos visten jubones
	te den vna bofetada.
	Toda la gente ajuntada
	de judíos y cristianos
	y tanbié*n* de los paganos
	hagan de ti vna pryuada.
Lantoyo	Sáquente veynte quixales
	con tynazas muy ruzientes;[56]
	quiébrente todos los dientes
	con palyllos de atables.
	Póngante en treynta costales
	y en cuba de vynagrón,
	y dente vn gran repelón
	quantos an visto corales.
[31^r] **Renedo**	Açótente los rufianes
	con dos mil calças de arena;
	cada noche sea tu çena
	de potaje de alacranes.
	Escúpante sacrystanes
	y quantos van por mesón,
	con tanta deuoción
	como ofrenda a capellanes.
Lantoyo	Vayas en vn vergantyn
	de vna vallena tragado,
	en la qual vayas atado

	en la cola de vn mastyn.
	Llámante todos ruyn
	quantos suben por escala;
	rezen por tu vida mala
	quantos rezan en latyn.
Renedo	Tómete dolor de ijada
	que te dure veynte meses;
	dente todos los franseses
	cada qual su cuchillada.
	Y por toda la cruzada
	se estienda que eres vellaco,
	y empreñes como barraco
	la puerca que está manchada.
Lantoyo	Vayas a ser nadador
	en el poso del infierno;
	en verano y en ynbyerno
	nunca te dexe dolor.
	Venga qualquier labrador
	en el gesto a te morder:
	que te saquen a paçer
	como a ovejas el pastor.
[31ᵛ] Renedo	De mal de búas te mueras;
	hiedas más vyuo que muerto;
	híncheste dentro de vn huerto
	que no queyas[57] en las eras.
	Sáqueste con las tyjeras
	los ojos muy rebentados;
	dete Dios tantos cuydados
	como ojas en nogueras.
Lantoyo	Véate yo en vn ryncón
	matar en ty dies mill hachas,
	y borrachos y borrachas
	coserte como a colchón;
	y después venga vn halcón
	y se lleue en las pihuelas
	lo que tú guardas y velas
	para hazer generación.
Renedo	Dente todos los flecheros
	cada qual vn bodocazo;
	pyérdaste y den de hallazo
	dos pelejas [sic] de corderos.

	Pregonen los pregoneros
	que se te lleuen los vientos;
	vengas a tener tormentos
	más que en el mundo ay dineros.
Lantoyo	Que te sangren de la vena
	con dardo de viscayno;
	vybas en vn tauboryno [sic]
	la vida que Dios te ordena.
	Y estés siempre a la serena,
	y tengas por tus antojos
	en la çejas tantos piojos
	como abejas en colmena.
[32ʳ] **Renedo**	Vayas a estar en el vaño
	en tonel de vyno tynto;
	quantos se siñen con cynto
	procuren hazerte daño.
	Y nunca tengas buen año;
	dente terçianas dobladas;
	que te tyren de pedradas
	todos quantos vysten paño.
Lantoyo	Todos los cuatro elementos
	te entren entre vña y carne;
	quanta gente está en Vearne
	te den los veynte tormentos.
	Tengas tantos mouymiento
	como ondas en la mar,
	tantas vezes gomitar [sic]
	como en la vyña sarmientos.
Renedo	Amigo, acyende en tu boca
	más que los pastores brasa;
	todos quantos tyenen casa
	te den tormento de toca.
	Sea tu vida muy poca;
	des encuentro que rebyentes
	en las piedras çon [sic] los dientes
	como la nabe en la roca.

Renedo Llega, señor, que agora es la propia sazó*n*; q*ue* esto a abisado a Finoya y descuydado a los de casa.

[32ᵛ]
Darino, Finoya

Responde, coraçón de mi alma, a este tu vasallo Darino. No deue estar allí. Pues lumbre^{BB} veo dentro; aora la apartan. ¡A, mi señora! Oye a tu sieruo.

Finoya ¡Ay, importuno vellaco! ¿Ay estás?
Darino Mientra que tú mandares.
Finoya Estáte para siempre, o vete luego delante de mí.
Darino Dame, señora, licencia; afirma lo que as prometido.
Finoya ¡Prometido de mala gana por mí! Has lo que quisieres, ¿y para qué, traydor?
Darino Ya entro. (Poneos vosotros aquí en esta camarilla que está apartada de todo, y esperáme aquí.)[58] ¡O, señora!, dame la muerte que mandares, y perdona el forçoso y voluntario atreuimiento, que no puedo más çufrir. Echa essos braços sobre éste tu catiuo.
Finoya ¿Avn porfías? ¡Ay, pecadora! ¡Déxame, maluado! ¡Ay, ay, triste de mí, muerta me tienes, vellaco, desuergonçado, traydor! ¡Qué poco estimas mis dichos! ¡Por mi vida, que me enojas![59] Déxame aora.
Darino ¿No conoçes, señora, que el tiempo haze vnas cosas como deshaze otras? Ya estás aora más alegre.
Finoya ¡Tal alegría sientas! Tócame aquí el coraçón, y verás cómo me salta. Desuenturada de mí, nunca seré más muerta que agora.
Darino ¡Qué cosillas son las de vosotras^{CC}! ¡Ay, Jesús, amarga tenga la miel!^{DD} ¡Qué palabrillas! ¿No conoçes que estás mejor que estauas? El mayor plazer es pecar mortalmente;[60] los que no gozan desto no tienen descanso.
Finoya ¡Maldito sea tal descanso que tan caro me cuesta! No querría plazer que no lo pudiesse dezir.
Darino Suele venir el aconuerto de cosa que no ay alegría; quanto más lo deues tener desto. Si quieres dezir [33^r] la verdad, ya no salen las lágrimas del coraçón; no ay en cosa que se conozca más la gente que en saber hazer sus hechos. Las personas que no son negociadoras no son estimadas; assí como los mercaderes en adquirir haziendas, las damas en procurar plazeres. Y aora mientra que eres moça, que después viene la actoridad y las celimonias; que assí como ay diferencia en las edades, la a de aver en las condiciones. Si tu madre por ser vieja va rezando con sus cuentas, tú por ser moça as de yr tomando deleytes, que ella ya a posado este^{DD} mesón. No cumple santidades, que todos somos vmanos. Yo no debría hablarte desto, syno de otros plazeres, mas porque te veo algo desconsolada,

quiero dezirte cómo yerras en tener fatiga de lo que es plazer.

Finoya ¡Ay!, no digas mal de mi madre, que esso es mi dolor, ver quál ella fue y quál so yo. Ella fue vna santa Catalina; yo, de tal sangre como aquélla, ¿cómo e salido tan peruersa? Mas triste, que yo no e errado, que forçada e sido.

Darino Daca, dame vn abraço, que con esto se quitan essos desmayos; no hablemos ya más desto. ¡O, qué persona que tienes!

Finoya ¡Ay, vellaco, descomedido, en quán poco me tiene [sic]!⁶¹

Darino A mí tengo en mucho en averte conoçido, quanto más en ver lo que e alcançando [sic]. Pues que de tu mereçimiento naçe mi gloria, ¿cómo dizes que te desestimo?

Finoya Déxame desso, que turbada me tienes. . . . Mas escucha, ¿qué pasos oyo? Que vienen hablando . . . callando, y muy quedo. . . . Baxan . . . . Escuchan . . . .⁶²

Darino No vienen acá. Todos esos temores naçen del miedo.

Finoya Escucha, que si haze. . . . Por mi vida, oye bien. . . . Guarda, guarda. ¡Ay, pecadora, mezquina, desuenturada!

[33ᵛ]
Nertano, Darino, Finoya, Renedo, Angis

¿Esto era lo que yo de ti esperaua, hija? Ya es perdido el nombre, pues no as guardado los hechos y dichos de tu madre; el día que perdiste su condición, perdiste su sangre. No mereçes que te hable con amor, pues que te as regido sin cordura. Por el amor de padre no te puedo matar, y por amar la virtud no puedo estar sin castigarte; si castigo no te diera, el coraçón me reuentara. Pues que tú as dexado de ser hija, yo dexaré de ser padre. Con el justo desamor que tu maluada vileza mereçe, el coraçón alterado no çufre muchas palabras. Tomá vosotros a Darino y a estos dos criados suyos. Sallí [sic] vosotras, vellacas donzellas, que todos ternéys el pago de la vellaquería, y la penitencia del pecado y trayción. Vení acá todos. Sin ningún detenimiento ni alborote seréys puestos em [sic] presión donde acabaréys la miserable vida que os queda. En la torre de mano derecha estaréys vos, Finoya, con vuestras donzellas, y vosotros tres tené cuydado del secreto regimiento que se a de hazer. Y vos, Darino, estaréys en la torre a mano yzquierda, y vosotros tendréys cargo de la manera que se a de regir. No he querido daros muerte: a vos, hija, porque el coraçón no me lo a çufrido, y a vos, Darino, no he querido mataros porque penéys más. La fama que se pondrá a de ser que Finoya mi hija es muerta, y assí le haremos las onrras. Y de Darino se dirá que se a ydo al cabo del mundo: vnos creerán que por veer tierras, otros que de desesperado se a ydo por la muerte de mi hija, que ya sabían que la quería. Vamos, que ello será tan secreto quanto traydor.[63]

[34r]
Razonamiento de Darino a Nertano
Perdona mi osadía, que con la desesperación no puedo estar sin dezillo. No te as regido en esto como cauallero, porque avías de matar a mí, y con la misma fama que he ydo a ver mundo se encubriera. Y pues yo fuera muerto, no cumpliera matar a Finoya, que no se supiera nada. ¿Cómo as podido çufrir el desamor que a mí me tienes, dándome tan poca penitencia en pago de lo que yo he hecho? Y a Finoya, el amor de padre, ¿cómo la puede encarçelar? De la enemistad mía y del amor della as vsado muy mal. ¿En qué batalla me as vençido, que me tienes encarçelado, que tan libre me as dexado según lo que he acometido, y que tan atado me tienes, según lo que merezco? Acaba ya de matar a mí y de soltar a Finoya; yo pagaré por los dos. No vses de justicia de yglesia, que es misericordia que no mata a nadi. Tu mucho coraçón no çufra que des ygual pena a tu hija y a tu enemigo; yo he de ser el condenado y ella la asuelta. Mas según lo que en ti veo, no mudarás la miserable sentencia y mal pensada presión que tu dudosa condición a ordenado.

Razonamiento de Finoya a Nertano su padre
Yo soy la que merezco toda la pena; a mí se me dé todo el castigo. Mal e mirado la onrra que mi madre ganó para que yo perdiesse. ¡O, desuenturada hija que su [34v] padre castiga de tal manera! ¡Pluguiera a Dios que tu muger mouiera[64] y fuera yo echada ante de criada, porque no fuera criada para ser echada! Pues que mis razones an de ser doloridas, sean vrebes. Liébame, padre, donde mandares. Dame la mano para que la vese, y dame la bendición con ella, avnque me das la maldición con las obras. Dile a mi madre que nunca pensé que de vientre tan virtuoso como aquél avía de naçer vna hija tan maluada como yo.[65]

Entró Finoya presa en la torre; yva vestida toda de negro;
y dezía la letra:
Si mi tristura es passión,
Es porque no me fue dada

Mas por mí misma tomada.

Sobre la torre donde está estaua vna águila,
con vna letra que dizía:
Yo guardo aquí la que tiene
El mal que no mereçió,
Que es más águila que yo.

Darino entró preso con vnas cadenas,
y dezía la letra:
Pues la que en ellas me a puesto
En las misuras[66] se a metido,
Me tengo yo por perdido.

En la torre donde está estaua vn león,
y dezía la letra:
Guardo lo que es más que yo,
Y perdióse de manera
Que ninguno se perdiera.

Fin de la obra[67]

Variant Readings in the 1516 Edition

No accents or punctuation marks have been added; abbreviations have been resolved.

- A. illustre
- B. al
- C. mejor fuera p*ara* mi alma q*ue* dexar a este cuerpo triste
- D. escucha
- E. humanidad
- F. en osar
- G. pude
- H. he
- I. puedo
- J. hablase
- K. tememos
- L. a nadie dessea obedescer sino a ti tu señora lo puedes costriñir
- M. aconsolarme
- N. rostro
- O. rostro
- P. esfuerço esfuerço
- Q. que oyo tengo (perhaps "oy yo")
- R. pagues
- S. sino dexallo. Ay otras
- T. Pues que para solo ver y praticar sea. venga el
- U. e pensado
- V. si he alcançado
- W. yerue
- X. digas
- Y. terna
- Z. vea te yo tanto miedo

AA. seys
BB. pues lumbre y claridad veo
CC. vosotros
DD. amarga tengo la hiel
EE. eneste mesón

Notes to the Text

1. Urrea also dedicated his *Cancionero* (1513) to doña Catalina de Híjar y de Urrea in recognition that "las espessas fatigas y no pequeños trauajos que vuestra señoría ha tenido an sido por crecer la pequeña parte que de mi padre cupo"("Prólogo", CL fol. j^r). It is this collection to which he no doubt refers in the *Penitencia* "Prólogo" published the following year: "embío . . . esto *como lo otro* [my emphasis] que de mí tiene vuestra señoría" (3). Implicit in the use of *trauajos* is the litigation undertaken to gain a larger inheritance; it is often referred to in *Cancionero* family letters, as for example in one to the Conde de Belchite: "con la dulce poesía aliuio los amargos pensamientos que en mí moran causados por el triste pleyto que entre mi señora y el señor conde está, en lo qual nadi deue hablar" (CL fol. vij^v). The eclogue version of part of the *aucto primero* of *Celestina* also pays tribute to his mother (CL fol. xliij^v). Asensio notes that Pedro Manuel dedicated to her "sus obras más ambiciosas: las edificantes, como la *Rueda de Peregrinación*, y las que bordean la audacia, como la *Penitencia de amor*" (xviii). That Urrea was aware of the somewhat frivolous nature of some of his works is stated in the prologue to *Rueda* (1516): "Porque viendo yo quantas vanidades de amores y poesías de las quales no se saca cosa que aproueche he escripto, he acordado hazer esto de virtud porque quite el pecado de lo otro que tengo escripto de amores" (CT fol. lx^r).
2. The text was possibly meant to read "syno que el escreuir."
3. Compare the *Cancionero* prologue: "Suplico a vuestra señoría no lo dé de manera que anduuiesse tanto que fuesse a dar en

poder de algunos maldizientes que muerden con dientes lagartinos que nunca sueltan. Es cierto que las cosas no por ser buenas dexan de ser juzgadas, que dize Séneca que tanbién se burlan de lo bueno, que dize que es como los que ahorcan, que scupen a los que miran" (CL fol.ij^r); the thought is repeated on fols ij^v and iiij^r. Boase states that "Urrea's fear of *maldizientes* and his deprecatory attitude towards poetry as a profession must be understood within the context of [his] courtly–devotional theory" ("Poetic Theory" 101).

4. Rojas's "Argumento" also includes the cliché: "Fue preso [Calisto] en el amor de Melibea" (*Celestina* I, 28); Urrea of course ends *Penitencia* with Darino a literal *preso*, not a metaphoric one.

5. By using the phrases *gozar de su persona* and (later) *retraydos deleytes*, Urrea makes his readers aware from the outset, as did Rojas, that the encounter between the two lovers will come to physical union and also that their secret pleasure will ultimately incur punishment; in neither instance, then, can there be suspense about the outcome.

6. The concision of the model is more powerful: "En esto veo, Melibea, la grandeza de Dios." Calisto then goes on at length answering her query "¿En qué, Calisto?": "En dar poder a natura que de tan perfeta hermosura te dotasse e facer a mí inmérito tanta merced que verte alcançasse e en tan conueniente lugar, que mi secreto dolor manifestarte pudiesse," and stating that the celestial saints derive no more pleasure from the divine vision than does he from looking at her (*Celestina* I, 31–32).

7. The series of four phrases contains several catch words – *remedio, aconuerto, consolación*– which euphemistically express carnal relief for the pains and effects of sexual yearning – *dolencia, lloro, desmayo*. In such a context it is possible that Urrea meant the pairing of *persona/sepoltura* as a phallic/vaginal reference. Ian Macpherson cautions us but states that the search for such *doubles–entendres* is not baseless: "It is not legitimate to read innuendo into every poem, because innuendo does not occur in every poem. There is, however, a demonstrable love of *ambiguitas* and *annominatio* in *cancionero* verse, and the modern critic . . . needs to be on the alert for the indicators which will help him to decode it" (62). The use of *doubles–entendres* carries over to the prose based on that

poetry.
8. Recall Melibea's reaction: "¡Vete! ¡vete de ay, torpe! Que no puede mi paciencia tollerar que aya subido en coraçón humano comigo el ylícito amor comunicar su deleyte" (*Celestina* I, 33–34).
9. Darino's soliloquy defies definition. He recognizes his error, but here and later begs divine intercession to safeguard him and give hope. His quandary is sexually inspired. The *postrero fin* is certainly the metaphorical death induced by a loss of hope, but may also be real death, if one will accept that the text expresses not a poet's stance but a true personal *desesperación* at the last phase before suicide; it implies not heavenly reward but the glory of physically possessing Finoya, *gloria* in the euphemistic sense so common to *cancionero* poetry (see Whinnom, *La poesía amatoria*, particularly ch. iii, "El problema del lenguaje").
10. Darino expresses the difficulty of his project in military terms, comparing Finoya with a target under siege. In the phrase "lo que yo quiero" is the goal in the abstract, with the following comparison of imagined impossibility. Calisto dwells on the personal and social barriers which he presumes will keep him forever from Melibea: "la nobleza e antigüedad de su linaje, el grandíssimo patrimonio, el excelentíssimo ingenio, las resplandecientes virtudes, la altitud e inefable gracia, la soberana hermosura." About her private charms he can only imagine: "Aquella proporción, que veer yo no pude, no sin duda por el bulto de fuera juzgo incomparablemente ser mejor, que la que París juzgó entre las tres Deesas" (*Celestina* I, 53 and 56).
11. Sempronio is more deprecating about Calisto's bookishness; he includes him among "los filósofos de Cupido" and challenges his selective appeal to "quantos escriuieron consuelos" by asking "lee más adelante, buelue la hoja" (*Celestina* I, 43 and 117), this despite his own recourse to written authority in support of his misogynous contentions in act one (I, 47).
12. The original reading is "que assido acaeçido y remediado"; it was rendered "has sido" by Foulché-Delbosc (*Penitencia* 11).
13. The text becomes more coherent when revised: "porque por ser la tierra."
14. The thought is later repeated, but the liaison is never developed; it seems to be only a nod of recognition toward the foursome of *Celestina*. Hillard stated that Renedo and Angis spend time with

Finoya's servants (382), perhaps basing this on the fact that both *donzellas* and *servientes* are present in the palace when Nertano orders their imprisonment.

15. Would not every reader recall Calisto's more emphatic avowal of being a *melibeo*, not a *cristiano* (*Celestina* I, 41)?
16. Cf. Leriano's explanation to Laureola: "tu hermosura causó el afición, y el afición el deseo, y el deseo la pena, y la pena el atrevimiento, y si porque lo hize te pareciere que merezco muerte, mándamela dar, que muy mejor es morir por tu causa que bevir sin tu esperança" (*Cárcel* 99).
17. Leriano's *conclusio* is similar: "te suplico que hagas tu carta galardón de mis males, que aunque no me mate por lo que a ti toca, no podré bevir por lo que yo sufro, y todavía quedarás condenada. Si algund bien quisieres hazerme, no lo tardes; si no, podrá ser que tengas tienpo de arepentirte y no lugar de remediarme" (*Cárcel* 99 and 100). I suggest that in this letter Urrea was directly influenced by San Pedro's text.
18. This transcription of the text is accurate, but the meaning is obscure. It is the phrase "amor de vanidad" which principally complicates: it is equated with the "enojo de presunción" which is provoked by Renedo's appearance before her as one of "los de poca manera" who "se honrran con las fantasías," here *fantasía* the "mensajería enojosa para tu condicion" and the implied fantasy which instigates and excuses his presence. Is *amor de vanidad* a critical reference in which Renedo is pointing out vanity of class as self-love and suggesting that Finoya is presuntuosa en her (probable) reaction to the message, because as a woman of *acabada perfeción* it is natural for her to love and be loved? Changing *amor* to *desamor* hardly improves our understanding of Renedo's intent, but does make a bit more sense: enojo : desamor :: presunción : vanidad.
19. Hillard recognized Renedo's expertise: "[his] tact in his interviews with Finoya is largely responsible for his master's success; no Celestina could have been more clever than he in adjusting his words to the psychological state of the girl, and his policy of treating her with courtesy and humility is brilliant strategy" (382). Renedo is clearly no novice in this type of service, but he is the equal of Celestina in duty only. He is a male servant conversing with a woman of an upper class, one whose household he is trespassing. The difference in sex would prevent him from ingratiating himself to the same degree as did

Celestina with Melibea despite their social inequality; even were Finoya compliant, comradeship in plotting seems unthinkable.
20. The negative is superfluous and misleading, or perhaps "de donde" should be "a donde."
21. The word "reçitada" makes no sense here; although it is repeated in the 1516 text, it might best be replaced by "reçibida."
22. The word is an Aragonism for *mançana*.
23. This recalls the "ya no soy quien ser solía" theme so common in *cancionero* poetry and to the early theater derived from it; the changes go beyond physical phenomena –paleness and sighing, for example– to those of the spirit, melancholy chief among them.
24. He refers to the letter; compare "yo te beso, carta" in the following sentence.
25. Urrea showed general interest in marine imagery. In *Penitencia* Renedo counsels Darino to continue his quest: "naueguemos; si agora haze fortuna, podrá ser que venga bonança y avn calma" (26). One of his eclogues bears the title *Nave de seguridad*; it presents shipboard life as a haven from the world's deceits and tribulations. In a *canción* "a su amiga" he wrote: "Yo en mar de vuestra hermosura / con velas de pensamiento / en naue de desuentura / no espero tener tormento" (CL fol. vj^v). In the prose piece *Casa de sabiduría*, lovers "que no se auían sabido regir ni gouernar" in Amor's court carry a sign which reads "Pues no supimos nadar / en este mar tan abondo, / cada qual quede en el hondo" (CT fol. vij^v). In another short prose composition, *Jardín de hermosura*, Urrea extends such imagery to the emblematic: "vi llegar . . . seys cauallleros vestidos de raso pardo y en las gorras hechas de oro sendas naues y galeras con vna letra que dezía: 'En este mar naueguemos / do muestra Amor sus afferes, / pues en todos los plazeres / ninguno mayor tenemos'" (CT fol. xxxv^v). Such figures and metaphors were common in medieval amatory verse (see Boase, "Imagery" 29), but the practice might have found more impetus in Aragón where the kingdom's political interests had long involved trans-Mediterranean travel.
26. We must assume that some moments have passed between Renedo's "Dame, señora, carta" and this speech. To receive an invitation so soon, with such relative ease, would certainly be difficult to believe, but Finoya suggests Darino's visit; this

seems to attest to her awareness of a game being played, but not of the possibility of dire consequences.
27. The text might better be "avn vn título."
28. An adjective is missing, it appears, or perhaps "assí."
29. Compare Melibea's words when she meets with Calisto: "La sobrada osadía de tus mensajes me ha forçado a hauerte de hablar, señor Calisto. Que hauiendo hauido de mí la passada respuesta a tus razones, no sé qué piensas más sacar de mi amor, de lo que entonces te mostré. Desuía estos vanos e locos pensamientos de ti, porque mi honrra e persona estén sin detrimento de mala sospecha seguras. A esto fue aquí mi venida, a dar concierto en tu despedida e mi reposo. No quieras poner mi fama en la balança de las lenguas maldizientes" (*Celestina* II, 83).
30. Finoya makes no declaration of desire whereas willing Melibea is further convinced –she would have Calisto believe– by his recriminations about Celestina's deceits and by his tears of frustration: "Limpia, señor, tus ojos, ordena de mí a tu voluntad." She does, however, put off Calisto's moment of remedy, fearful that should his servants break down the "molestas e enojosas puertas" their visit will be discovered and the family honor put at risk: "No sueltes las riendas a la voluntad. La esperança es cierta, el tiempo breue, quanto tú ordenares" (*Celestina* II, 85, 86, and 87).
31. There is no precedent in *Celestina* for thoughts about the lover as a *caballero militar*. Leriano has his battle to free Laureola and Grisel also endures combat, but Calisto and Darino are more *caballeros cortesanos*, the latter despite Angis's advice given here; see Darino's reaction.
32. Darino argues Finoya's virtue as it befits her perfection. Renedo will soon state to Finoya that she may prove her virtue by testing it in conversation with Darino: "será mejor tu alabança porque tendrás más resistencia quando tengas más prueba" (31). The proof of virtue had to encompass chancing its own possible loss, but the connection between *virtud* and *honra* is somewhat ambiguous, as it was in Angis's remark: "Para q*ue* tu onrra se gane, se a de p*er*der la de Finoya" (23). Julio Rodríguez Puértolas's comments on the earlier passage have meaning here as well: "Aparte del concepto machista de todo esto, resulta claro que en *Penitencia de amor* el amor cortés no es ya sino un conjunto de palabras vacías, una manera de hablar que usan sólo

los amantes entre sí. Los verdaderos intereses de los personajes van y vienen por caminos muy distintos de la cortesía feudal; tienen, por el contrario, una muy estrecha relación con los valores nuevos, burgueses" (137). One of these *valores* is surely not new, the Ovidian goal of sexual pleasure.

33. Compare Leriano's second letter to Laureola: "si por ventura te plaze [Leriano's death] por parecerte que no se podría remediar sin tu ofensa mi cuita, nunca pensé pedirte merced que te causase culpa. ¿Cómo havía de aprovecharme el bien que a ti te viniese mal? Solamente pedí tu respuesta por primero y postrimero galardón" (*Cárcel* 108). In one of his last articles, Whinnom addressed the question of Urrea's influence on *Thebaida* and other *Celestina* derivatives, focussing primarily on the epistolary: "había mezclado [Urrea] elementos celestinescos con otros sentimentales o cortesanos, y a partir de la *Thebaida* hallamos en las obras celestinescas el uso de las cartas, cartas amorosas, desde luego, retóricas, conceptistas, elaboradas, y citadas por extenso. Es posible que la obra de Urrea influyese en el trabajo del anónimo autor de la *Thebaida*, pero, puesto que sería absurdo creer que éste no hubiese leído al menos *Cárcel de Amor*, no es preciso insistir en que los nuevos celestinistas conociesen la iniciativa de Urrea" ("Linaje" 3d).

34. Hillard misinterpreted Finoya's words as evidence of an amorous inclination: "She now shows the first sign of dawning love when she confesses . . . that she enjoyed the conversation" (376–377). In her next speech she repeats the real message, her fears.

35. However intentional or not the dropping of the fan, it has none of the symbolism of sexual submission which Melibea's gift of the *cordón* has in *Celestina*. Darino is pleased to have the fan because it is Finoya's; he does not regard it with the fetishistic reverence Calisto showed for the girdle: "¡O bienauenturado cordón, que tanto poder e merescimiento touiste de ceñir aquel cuerpo, que yo no soy digno de seruir!" (*Celestina* I, 220). A great part of its importance for him is that it has seen what he has not: "¡O qué secretos haurás visto de aquella excelente ymagen!" (I, 222). Deyermond considers Calisto's "sensual frenzy," his "pawing violently at the girdle," as part of the Devil's possession of Alisa, Calisto and Melibea ("Hilado–cordón–cadena" 8); Urrea seems to suggest only coquetry, and Darino returns the fan.

36. How did Pedro Manuel conceive of this scene? Talking earlier

with Renedo about this visit, Finoya stated that she would be safe, "sabiendo la intención que él [Darino] me tiene," because she would be upstairs: "que pues yo estaré arriba, poco miedo le terné" (31). If Darino is close enough to reach a fan dropped within the iron-barred window ledge ("q*ue* bie*n* alcançarás [the fan] co*n* la mano, por aq*uí*, por e*n*tre la reja"), has he climbed to the ledge in order to give back the fan and to speak more intimately with Finoya, so close as to disturb her so? It may well be, however, that the two are conversing at street level, Finoya in her room; this seems confirmed when she says later that she would throw herself to the street in order to bring her shame and pain to an end "si esta ve*n*tana estuuiesse alta y sin rexa" (38).

37. Finoya continues the game without recognizing Darino's determination or realizing how far she has lead him. Restating the definition given by Simmel in *Cultura femenina* (1934), Varela wrote that coquetry "consiste en producir agrado —esto es, satisfacción ante lo meramente contemplado— y deseo o ansia de dominio mediante síntesis y antítesis, ofreciéndose y negándose, diciendo que sí y diciendo que no alternativamente, contraponiendo posesión y no posesión, dándose aparentemente y negándose a la postre" (355). Strictly speaking, Finoya does not do this; she does not offer and she does not say yes and then no. She is, however, *perceived* by Darino to be so doing; he does expect an offer or acquiescence. Finoya's final words are ironic: Darino needs no more hope than what he now has; see his next words to his servants.

38. This last sentence seems more appropriate as the beginning of Renedo's speech which follows.

39. Given Urrea's gripings about being a miserably treated *segundón*, this statement acquires a special irony.

40. Nowhere in *Penitencia* is Darino's intent more baldly expressed. Compare Calisto's equally crude "Señora, el que quiere comer el aue, quita primero las plumas" (*Celestina* II, 181). Blanco Aguinaga writes of "uno de los fenómenos más representativos de la sociedad burguesa, el de la cosificación, en que un ser humano se transforma en simple *cosa* utilizable con fines egoístas y personales" (182, my emphasis), but it is Deyermond who uses Calisto's phrase as the starting point for a discussion of Calisto's reification of Melibea. He cites Celestina's witchery as the first element in determining this (see n. 35 above); "el

segundo factor que se ofrece como determinante de la actitud de Calisto es el socioeconómico," but he agrees that the process has yet to be thoroughly studied ("'El que quiere comer el ave'" 298–299). Darino's "all or nothing" bent ("cuésteme la vida") is confirmed moments later: he will persist, "ve*n*ga lo que viniere." I find it impossible to accept Ruth House Webber's view of him as "humanizado hasta tal punto que le preocupan los sufrimientos y el estado de ánimo de Finoya" (363, a thought repeated on 365).

41. Finoya again seems to Darino to be playing the flirt; as we know, he is sexually aroused and bent on satisfaction, hence he hears Finoya's last sentence as amorous overture. Hillard commented: "She doubtless imagines that this shows her resolution is unbroken, but it is as direct an invitation for seduction as Darino could wish" (377).

42. Compare Melibea's attempt to deter Calisto: "Goza de lo que yo gozo, que es ver e llegar a tu persona; no pidas ni tomes aquello que, tomado, no será en tu mano boluer" (*Celestina* II, 117); she was nonetheless eager to accept his entreaties, his person. This is not the case in the *Comedia Thebaida* when Franquila, like Finoya, is about to be attacked: "Mal me parece, Galterio, lo que hazes. ¿Y cómo no te abastava la descortesía en asentarte junto comigo, sino que ahora ya me estás maltratando? ¡O por la passión de Dios! ¿Y no miras que me echas a perder? ¿Y no miras quién soy? ¿Y no miras el peligro en que me pones? Pero pues así quiés, çúfrete un poco, que pareces bueitre encima de la carne" (46).

43. A better prefix would be "*des*cubrirá," given the context of Finoya's warning.

44. The moment is rushed, violent; the scene differs markedly from Rojas's presentation of Calisto's gropings and Melibea's quick compliance (*Celestina* II, 118). Otis Handy has pointed out that in Act X of *Celestina* there is a "psychic deflowering" of Melibea: "Celestina prepares her for the pain it [the sexual act] will cause her physically, substituting surgical terms for coital, phallic ones" (17 and 21). Finoya has had no such preparation, nor does she harbor the secret *voluntad* which Melibea reveals in the masterful monologue at the opening of that act.

45. These words accompany the act of violation itself. Like Melibea she then cries in bemoaning the loss of honor, but her words have a painful immediacy missing in those of Melibea:

"¡O mi vida e mi señor! ¿Cómo has quisido que pierda el nombre e corona de virgen por tan breue deleyte? ¡O pecadora de mi madre, si de tal cosa fuesses sabidora, cómo tomarías de grado tu muerte e me la darías a mí por fuerça! ¡Cómo serías cruel verdugo de tu propia sangre! ¡Cómo sería yo fin quexosa de tus días! ¡O mi padre honrrado, cómo he dañado tu fama e dado causa e lugar a quebrantar tu casa! ¡O traydora de mí, cómo no miré primero el gran yerro que seguía de tu entrada, el gran peligro que esperaua!" That Rojas considers this a cliché, or would have us think it one, is suggested by Sosia's comment from beyond the garden (*Celestina* II, 119): "Todas sabés essa oración después que no puede dexar de ser hecho." Compare Franquila's words after Galterio has raped her: "¡O desventurada de mí, y cómo me has amenguado! ¡O cómo quedo deshonrada! ¡O cómo no osaré parecer donde gente hay! ¿Y no te abastara si querías burlar un rato, salvo que todas las cosas has querido llevar por los cabos? De cierto que estos tus juegos son tan pesados que ya querría verte fuera de mi casa, y aun en cabo del mundo, antes que sofrirte tanta importunidad" (*Thebaida* 46). Hillard was too generous in praising Urrea's handling of Finoya's state of mind: "In this scene the author has finely portrayed the conflict of feminine emotions" (378).

46. Darino shows his seducer's experience in a manner which gives the lie to all his former protestations of sentiment. He is a courtly hypocrite, more brutal than Calisto and not destined by his creator to be parodic. Lida de Malkiel sees a transformation in character: "La vena de grosería que se despliega en la complaciente pintura del hampa inficiona al mismo enamorado, echando a pique la unidad [?] de su carácter. Darino, no bien admitido por Finoya, le endereza las más ramplonas exhortaciones y comenta con sus criados los placeres que ha tenido con ella" (395). Calisto's brutality is twice referred to by Marcel Bataillon: "le contraste de cette rhétorique amoureuse, ridicule épiphénomène d'un amour désordonné qui trouble la raison jusqu'à des excès comiquement sacrilèges, avec le caractère ostensiblement, *brutalement* sensuel de cet amour," and "ce *brutal* éclairage de la passion de Calisto" (113 and 115, my emphases); it is not, however, as pronounced as Darino's.

47. In Urrea's *Batalla de amores*, Solomon and Virgil are two of the solons whose capture is proof of Love's power; the others

are Petrarch, Caesar, Hippolytus and Aeneas (CT fols xxxvij^v ff.)
48. Catherine Swietlicki points out that in most *cancionero* lyric poetry "women were praised as an ennobling influence, but as a whole they were treated as accessories to men rather than independent individuals" (2); it is as sexual accessory that Darino considers Finoya (see n. 32 above).
49. Compare Melibea's farewell to Calisto which begins: "Señor, por Dios, pues ya todo queda por ti, pues ya soy tu dueña, pues ya no puedes negar mi amor, no me niegues tu vista de día, passando por mi puerta; de noche donde tú ordenares" (*Celestina* II, 120). Finoya does say "Ya por tuya me tienes" and does indeed agree to Darino's return visit, but it is difficult for us to understand why: there is no amorous sentiment, no indication that she thrills at the prospect of more intercourse.
50. Renedo's attitude throughout is much the same as Sempronio's and a cliché of the times: woman is the daughter of Eve, an imperfect creation naturally given to weaknesses.
51. Menéndez Pelayo identified Seraphino Aquilano as a "célebre músico y poeta napolitano (1466–1500), muy dado a sutilezas y conceptos, por lo cual se le considera como uno de los precursores del *seicentismo*. En España debía de alcanzar mucho crédito a principios del siglo XVI" (281, n. 1). Asensio made this comment about Urrea's culture: "Las menciones de Serafino Aquilano [here] y de Eneas Silvio [in the *Cancionero*] no descubren ninguna afinidad espiritual o deuda poética importante: son una leve pedantería muy de moda en aquel tiempo" (xxvi). Pedantry perhaps: in the prologue alone of the 1516 *Cancionero* he identifies by author the classical and contemporary sources of his citations, some of them in the original Latin or Italian: five from "el tragídico Séneca" (fol. j^v), two each from Tully and Virgil, and one each from Petrarch, Boccaccio, Augustine, Ovid, Eneas Silvio, Sallust and Cicero; he also says of himself: "siempre de muy pequeño he sido muy codicioso de la lengua latina" (fol. j^v), but he has not had all the training in it that he would wish. We cannot know for certain if he read the works of these authors, or only a compendium of quotations, either in the original or in translation.
52. Darino restates what Finoya has already told us, that force was necessary to achieve coitus, but the agreement for the return

visit is not what he claims it was.
53. The phrase "como sueles" is puzzling: does it refer incorrectly to Darino's one visit to Finoya or obscurely to previous donjuanesque adventures?
54. The irony is well placed, within the context of this speech as well as within the evolution of the dénouement, as Lida de Malkiel has stated: "las imitaciones [of *Celestina*] de desenlace fatal han recreado ciertos efectos irónicos a semejanza del original. Darino ... admite peligro para un futuro lejano, pero de momento afirma su seguridad; si un sirviente recela porque ha observado tristeza en el padre de la dama el otro rechaza como infundado el temor que muy pronto se realizará" (261).
55. Urrea might have meant it to string out the suspense, or to display his talents in *popularizante* verse, but the poetry is superfluous. Artistically the interruption is as unfortunate as the Elicia–Areúsa–Centurio acts interpolated in *Celestina*, about which Julio Cejador y Frauca remarked: "Lo aquí añadido no es episodio, pues parte por el eje de la acción principal, destruye el nudo y el efecto trágico del punto central de la obra" (*Celestina* II, 121, n. 16). Menéndez Pelayo cited this encounter as the one moment of humor in *Penitencia*: "La parte cómica se reduce a unas octavas de arte mayor (que el poeta llama 'pullas honestas', y son un pugilato de groseras desvergüenzas)" (255).

We may hypothesize that the poems were already typeset and were inserted at the printer's after appending two lines of Renedo's speech: the folio preceding has blank space at the bottom and the leaves are not themselves numbered, although the printed foliation, which resumes at fol. xxxiii, allows for the intervening pages. The use of Y for I and S for C is more frequent in these stanzas than in the prose; these and the inconsistencies throughout in the representation of sibilants argue a different typesetter at least.
56. Was the adjective originally meant to be *cruzientes*?
57. This may be a typesetting error for *quepas*.
58. I have added the parentheses to indicate an aside to the servants. This does not contradict Lida de Malkiel's statement about the absence of asides in *Penitencia*, a unique case in *Celestina* imitations: "no los presenta [Urrea] en absoluto, sin duda por lo simple de la intriga y lo desdibujado del carácter de los sirvientes, del todo identificados con el provecho de su señor" (145); she was referring to their use as running commentaries

by servants, one of the techniques of the model.
59. The inconsistencies in Finoya continue: having been raped the day before, did she not even suspect that Darino's second visit might well involve more sexual demands? Her request, moments later, that Darino feel her heart beating rapidly, thus to prove that she feels no joy, may support an interpretation of "Has lo que quisieres" as evidence of joyless resignation, but one wonders if another wrong signal is being perceived, or if such "evidence" might not have been offered in a rather less intimate manner. Although he misread the initial encounter, Hillard correctly characterized Finoya in this meeting as "a harassed, reluctant girl" who "laments even as she receives the caresses [?] of her lover, who urges her to live her true role as a mature young woman" (378).
60. "Ninguna de las blasfemias de Calisto llega a ésta" (Menéndez Pelayo 255).
61. Although both women object to advances when the second visit begins, at no time does Finoya greet Darino's as Melibea does Calisto's: "Señor, yo soy la que gozo, yo la que gano; tú, señor, el que me hazes con tu visitación incomparable merced" (*Celestina* II, 182, the interpolated scene of act XIX).
62. Reviewing stage directions in *Celestina* imitations, Lida de Malkiel commented that "entre los casos felices, aunque no típicos, puede recordarse la tensión romántica que en la *Penitencia de amor* cobra el trivial 'Pasos oigo,' cuando en medio de su deleite [?] la heroína oye pisadas y voces que se acercan –las de su padre, que viene a dar el castigo–, y que su amante se obstina en no oír" (104).
63. The speech supports Lida de Malkiel's explication: "Nertano se presenta como juez ensañado, calderonianamente cuidadoso de mantener en secreto su deshonor [but see my following remarks], en tanto que los amantes se esfuerzan por recibir cada cual todo el castigo para eximir de pena al otro: el influjo notorio de *Grisel y Mirabella* y de *Cárcel de amor* prueba que Urrea hallaba más fácil la imitación del padre, inexorable vengador de su honra, propia de la novela sentimental, que la del padre diseñado con tan nueva penetración en *La Celestina*" (482). See also Checa's study of Mirabella's father, in which we find the following comment: "la autoridad del Monarca no dimana ya de las virtudes militares y caballerescas del pasado, sino del culto fetichista a los ordenamientos legales, únicos

asideros de su identidad" (377); Darino's questions to Nertano seem to underscore a similar reason for the apparent paternal heartlessness. The impulse to punish as required by dishonor was made much more powerful by San Pedro, who emphasized Gaulo's majestic intractability; in comparison Nertano is more like a rigid and morally vengeful *pater ex machina*. Whinnom observed that "[e]n la gran mayoría de las imitaciones [of *Celestina*] no se censuran en absoluto los encuentros sexuales" ("Linaje" 4a); *Penitencia* does, perhaps, because it comes so closely upon the heels of Rojas's work.

Is there a misogynistic bias hidden in Urrea's handling of the problem of punishment? Darino and Finoya will suffer the figurative death of being immured for life, but the public perception of the fate of each is different and, in Darino's case, the sentence is flawed. Finoya, it will be said, has died; to reinforce this notice Nertano's court will celebrate the appropriate exequies. In all, then, but the act of physical expiration she has been punished by death. On the other hand, it will be broadcast that Darino has gone abroad, prompted either by idle curiosity ("por veer tierras") or by desperation born of Finoya's death ("ya sabía*n* que la quería"); this last is an oblique and rather strange admission that there has been public knowledge, of whatever degree, of his passion for her, and leaves the question of Nertano's dishonor by his daughter's behavior quite possibly the topic of continuing discussion; all in all not a very satisfactory resolution. On balance, then, though man and woman are to be hidden away from public view, the *quedirán* is not definitively silenced, and the man "lives on" while the woman does not.

64. Given the context, the verb should be *muriera*.
65. D. L. Drysdall comments: "[Urrea's] ending, in which a summary version of the judgement and 'combat of generosity' from the *Grisel y Mirabella* is grafted on to a story of seduction crudely imitated from the *Celestina*, might be read as moral, but more precisely perhaps seeks to suggest another solution to the *cuestión de amor* posed by Juan de Flores. . . . By contriving that the law should be kept in appearance only, Urrea may be saying that the courtly code should be regarded for what it is, a literary ideal or fantasy not to be regarded as applicable to real life" (25–26).
66. The word is corrected to *mesmas* in the 1516 edition.

67. *Penitencia* is followed by five poems: "Otras coplas suyas sobre la vida deste mundo," "Una música que haze a su amiga," "Otra obra suya llamada desesperación de amor," "Obra trobada por do*n* Pedro Manuel de Vrrea sobre las siete palabras que dixo Nuestro Señor en la Cruz," and "Otras suas [sic] a vna hermita de N*ues*tra Señora q*ue* está cerca de su casa q*ue* se llama N*ues*tra Señora de Mo*n*cayo." Foulché-Delbosc referred to them as "cinq poésies qui n'ont aucun rapport avec cette oeuvre et n'ont probablement été placées là que pour remplir les pages libres" ("La *Penitencia*" 202). The second statement is suspect: all of fol. xxxviij^v is left blank and there is space as well between the end of the last poem and the printer's mark on fol. xxxviij^r. These pages are not numbered, just as those of the Renedo and Lantoyo *pullas* were not; perhaps they were also at hand for insertion at the time of binding. The confusion of Y and I and the irregular representation of sibilants reminds one of the typesetting of those *pullas*, but the improper word-initial H is new to the *coplas*. The last two stanzas of the hermitage poem are placed side-by-side at the top of fol. xxxviij^r and are followed by the colophon and Fadrique's printer's device. This is listed and presented in facsimile (#17) in Vindel (#17 on p. 18). Norton describes it: "On shaded ground, beneath a segmental arch, a lion from whose head is slung a shield with the printer's mark; around the lion's head a scroll inscribed NIHIL SINE CAUSA 1499" (*Descriptive Catalogue* 90), but here the date is erased and two cracks are visible, as may be seen in Vindel's #16.

Works Cited

Ayllón, Cándido. *La visión pesimista de "La Celestina"*. México: Ediciones de Andrea, 1965.

Bataillon, Marcel. *"La Célestine" selon Fernando de Rojas*. Paris: Didier, 1961.

Blanco Aguinaga, Carlos, Julio Rodríguez Puértolas, and Iris M. Zavala. *Historia social de la literatura española (en lengua castellana)*, I. Julio Rodríguez Puértolas, Coordinador. Madrid: Castalia, 1978.

Boase, Roger. "Imagery of Love, Death and Fortune in the Poetry of Pedro Manuel Ximénez de Urrea (1486–c.1530)." *Bulletin of Hispanic Studies*, 57 (1980), 17–32.

——————. "Pedro Manuel Ximénez de Urrea (1486–c.1530): A Biographical Inquiry." *Iberoromania*, 6 (1977), 35–46.

——————. "Poetic Theory in the Dedicatory Epistles of Pedro Manuel Ximénez de Urrea (1486–c.1530)." *Bulletin of Hispanic Studies*, 54 (1977), 101–106.

——————. *The Troubadour Revival. A Study of Social Change and Traditionalism in Late Medieval Spain*. London: Routledge and Kegan Paul, 1978.

Checa, Jorge. "*Grisel y Mirabella* de Juan de Flores: rebeldía y violencia como síntomas de crisis." *Revista Canadiense de Estudios Hispánicos*, 12 (1988), 368–82.

La Comedia Thebaida. Eds G. D. Trotter and Keith Whinnom. London: Tamesis Books, 1969.

Cvitanovic, Dinko. *La novela sentimental española*. El Soto, 21. Madrid: Editorial Prensa Española, 1973.

Deyermond, Alan D. "'El que quiere comer el ave': Melibea como artículo de consumo." *Estudios románicos dedicados al profesor Andrés Soria Ortega en el XXV aniversario de la Cátedra de Literaturas Románicas*, I. Eds Jesús Montoya Martínez and Juan Paredes Nuñez. Granada: Universidad de Granada, 1985. Pp. 291–300.

——————. "Hilado–Cordón–Cadena: Symbolic Equivalence in *La*

Celestina." *Celestinesca*, 1 (1977), 6–12.
Drysdall, D. L. "The French Version of the *Penitencia de Amor*." *Celestinesca*, 9 (1985), 23–31.
Durán, Armando. *Estructura y técnicas de la novela sentimental y caballeresca*. Madrid: Gredos, 1973.
Eisenberg, Daniel. *A Study of "Don Quixote"*. Newark, Delaware: Juan de la Cuesta, 1987.
Ferreras, Juan Ignacio. *La novela en el siglo XVI*. Madrid: Taurus, 1987.
Fitzmaurice-Kelly, Julia. "Woman in Sixteenth-Century Spain." *Revue Hispanique*, 70 (1927), 557–632.
Flores, Juan de. *Grisel y Mirabella* [¿Lérida, 1495?]. Ed. Agustín G. de Amezúa. "Sale nuevamente a luz reproducido en facsímil por acuerdo de la Real Academia Española." Madrid: Real Academia Española–Fundación Conde de Cartagena–Castalia, 1954.
Foulché-Delbosc, R[aimundo]. "La *Penitencia de amor* de Pedro Manuel de Urrea." *Revue Hispanique*, 9 (1902), 200–215.
Gilman, Stephen. *The Spain of Fernando de Rojas. The Intellectual and Social Landscape of "La Celestina"*. Princeton: Princeton University Press, 1972.
Grieve, Patricia E. *Desire and Death in the Spanish Sentimental Romance (1440–1550)*. Newark, Delaware: Juan de la Cuesta, 1987.
Gulstad, Daniel E. "Melibea's Demise: The Death of Courtly Love." *La Corónica*, 7 (1979), 71–80.
Handy, Otis. "The Rhetorical and Psychological Defloration of Melibea."" *Celestinesca*, 7 (1983), 17–27.
Hathaway, Robert L. *Love in the Early Spanish Theatre*. Madrid: Editorial Playor, 1975.
----------, ed. "*La Égloga de Calisto y Melibea* de Ximénez de Urrea." *Nueva Revista de Filología Hispánica*, 27 (1978), 314–30.
Hillard, Ernest H. Kilgore. "Spanish Imitations of the *Celestina*." Unpublished doctoral dissertation, University of Illinois, 1957.
Huot, Sylvia. "Seduction and Sublimation: Christine de Pizan, Jean de Meun, and Dante." *Romance Notes*, 25 (1985), 361–73.
Kassier, Theodore L. "*Cancionero* Poetry and the *Celestina*: From Metaphor to Reality." *Hispanófila*, 19 (1976), 1–28.
Lida de Malkiel, María Rosa. *La originalidad artística de "La Celestina"*. Buenos Aires: Universidad de Buenos Aires, 1962.
Macpherson, Ian. "Secret Language in the *Cancioneros*: Some Courtly Codes." *Bulletin of Hispanic Studies*, 62 (1985), 51–63.

Maravall, José Antonio. *El mundo social de "La Celestina".* Madrid: Gredos, 1964.
Matulka, Barbara. *The Novels of Juan de Flores and their European Diffusion. A Study in Comparative Literature.* New York: Institute of French Studies, 1931.
McPheeters, D. W. *Estudios humanísticos sobre "La Celestina".* Potomac, Maryland: Scripta Humanistica, 1985.
Menéndez Pelayo, Marcelino. *Orígenes de la novela,* III, *Obras completas.* Buenos Aires: Espasa-Calpe Argentina, 1946.
Michael, Ian. "Epic to Romance to Novel: Problems of Genre Identification." *Bulletin of the John Rylands University Library,* 68 (1986), 498–527.
Morgan, Erica. "Rhetorical Technique in the Persuasion of Melibea." *Celestinesca,* 3 (1979), 7–18.
Norton, F. J. *Printing in Spain 1501–1520.* Cambridge: Cambridge University Press, 1966.
----------. *A Descriptive Catalogue of Printing in Spain and Portugal 1501–1520.* Cambridge: Cambridge University Press, 1968.
Ovid [Ovidius Naso, Publius]. *The Erotic Poems.* Trans. Peter Green. Harmondsworth: Penguin Books, 1982.
Parker, Alexander A. *The Philosophy of Love in Spanish Literature, 1480–1680.* Ed. Terence O'Reilly. Edinburgh: Edinburgh University Press, 1985.
Rodríguez Puértolas, Julio. "Sentimentalismo 'burgués' y amor cortés. La novela del siglo XV." *Essays on Narrative Fiction in the Iberian Peninsula in Honour of Frank Pierce.* Ed. R. B. Tate. Oxford: Dolphin, 1982. Pp. 121–139.
Rojas, Fernando de. *La Celestina.* Ed. Julio Cejador y Frauca. 2 vols. Madrid: Espasa-Calpe, 1958.
----------. *Celestina. Tragicomedia de Calisto y Melibea.* Eds Miguel Marciales with Brian Dutton and Joseph T. Snow. 2 vols. Urbana–Chicago: University of Illinois Press, 1985.
San Pedro, Diego de. *Cárcel de Amor. Obras completas,* II. Ed. Keith Whinnom. Madrid: Castalia, 1971.
Schevill, Rudolph. *Ovid and the Renascence in Spain.* Berkeley: University of California Press, 1913.
Snow, Joseph Thomas. "Sobre la caracterización de Calixto y Melibea." *Imago hispaniae. Homenaje a Manuel Criado de Val.* Actas del Simposio–Homenaje a Manuel Criado de Val en Patrana (Guadalajara) del 7 al 10 de julio 1987. Eds Angel Montero Herreros, Ciriaco Morón–Arroyo, and José Carlos de Torres. Kassel: Edition Reichenberger, 1989. Pp. 459–472.
Sponsler, Lucy A. *Women in the Medieval Epic and Lyric Tradi-*

tions. Lexington, Kentucky: University Press of Kentucky, 1975.
Swietlicki, Catherine. "Rojas' View of Women: A Reanalysis of *La Celestina*." *Hispanófila*, 85 (1985), 1–13.
Triste deleytaçión. An Anonymous Fifteenth Century Castilian Romance. Ed. E. Michael Gerli. Washington: Georgetown University Press, 1982.
van Beysterveldt, Antony. *Amadís–Esplandián–Calisto. Historia de un linaje adulterado*. Madrid: Porrúa Turanzas-Studia Humanitatis, 1982.
----------. "Nueva interpretación de *La Celestina*." *Segismundo*, 21–22 (1975), 87–116.
Varela, José Luis. "Revisión de la novela sentimental." *Revista de Filología Española*, 48 (1965), 351–82.
Vigier, Françoise. "Fiction epistolaire et *novela sentimental* en Espagne aux XVe et XVIe siècles." *Mélanges de la Casa de Velázquez*, 20 (1984), 228–259.
Vindel, Francisco. *Escudos y marcas de impresores y libreros en España durante los siglos XV a XIX (1485–1850) con 818 facsímiles*. Prólogo de Vicente Castañeda. Barcelona: Orbis, 1942.
Webber, Edwin J. "The *Celestina* as an *arte de amores*." *Modern Philology*, 55 (1957), 145–153.
Webber, Ruth House. "Pedro Manuel de Urrea y *La Celestina*." *"La Celestina" y su contorno social*. Actas del I Congreso Internacional sobre *La Celestina*. Ed. Manuel Criado de Val. Madrid: Hispam, 1977. Pp. 359–366.
Whinnom, Keith. *La poesía amatoria de la época de los Reyes Católicos*. Kendal: University of Durham, 1981.
----------. *The Spanish Sentimental Romance 1440–1550. A Critical Bibliography*. London: Grant and Cutler, 1983.
----------. "Interpreting *La Celestina*: The Motives and the Personality of Fernando de Rojas." *Mediaeval and Renaissance Studies on Spain and Portugal in Honour of P. E. Russell*. Eds F. W. Hodcroft, D. G. Pattison, R. D. F. Pring-Mill, and R. W. Truman. Oxford: The Society for the Study of Mediæval Languages and Literature, 1981. Pp. 53–68.
----------. "El linaje de *La Celestina*." *Insula*, 42: 490 (September 1987), 3–4.
Ximénez de Urrea y Fernández de Híjar, Pedro Manuel. *Cancionero de las obras de don Pedro mãuel de Urrea*. Logroño: Arnao Guillen de Brocar, 1513. Microfilm by courtesy of the British Museum, London.
----------. *Penitencia de amor compuesta por don pedro manuel de*

vrrea. Burgos: Fadrique, alemán de Basilea, 1514. Microfilm by courtesy of the Bibliothèque Nationale, Paris (Res Yª 856).

----------. *Cancionero de todas las obras de don Pedro Manuel de Urrea*. Toledo: Juan de Villaquirán, 1516. Microfilm by courtesy of the Bibliotheca Nacional, Lisbon.

----------. *Cancionero de D. Pedro Manuel Ximenez de Urrea*. "Publicado por la Excma. Diputacion de Zaragoza, teniendo á la vista la unica y hoy rarisima edicion que se hizo en Logroño en 1513." Ed. Martín Villar. Zaragoza: Imprenta del Hospicio Provincial, 1878. Microfilm by courtesy of the General Library of Columbia University, New York City.

----------. *Penitencia de amor (Burgos, 1514)*. Rpt. R[aimundo] Foulché-Delbosc. Bibliotheca Hispánica, 10. Barcelona–Madrid: L'Avenç–Librería M. Murillo, 1902.

----------. *Églogas dramáticas y poesías desconocidas*. Ed. Eugenio Asensio. Colección Joyas Bibliográficas, 5. Madrid: Imprenta de C. Bermejo, 1950. Courtesy of the Adelphi College Library.

Table of Contents

Acknowledgements	v
Introduction	vii
The Author	vii
The Romance	x
Love and Honor	xviii
Darino and Finoya	xxi
The Author's Purpose	xxv
In Closing	xxviii
Editorial Criteria	xxix
Comparison of the 1514 and 1516 Texts	xxx
Additional Notes	xxxii
Urrea's "Celestina"	xxxii
Facsimile of the Original Title Page	xxxiv
About the Original Title Page	xxxv
PENITENCIA DE AMOR	1
Variant Readings in the 1516 Edition	51
Notes to the Text	53
Works Cited	69